情報センター出版局

拝啓 大阪府知事 橋下徹様

倉田 薫

YUBISAHI

YUBISASHI
羅針盤プレミアムシリーズ
音声利用の仕方

1 2 3 4 5

〈音声を利用するには〉

①扉の緑の部分を「指さしペン」でタッチすると本書の音声認識をします。

②下記の四角い枠の中を「指さしペン」でそれぞれタッチすると、オリジナル音声を聞くことができます。

音声1 本文の朗読

各章ごとに本文の朗読を聞くことができます。

はじめに　第一章　第二章　第三章　第四章　おわりに

音声2 プレミアム音声

特典音声がお楽しみいただけます。

特典1　特典2　特典3　特典4

はじめに

池田というまちは上方落語に所縁《ゆかり》の深いところでございます。

ご存知の方もおられますでしょうが、「池田の猪買い」という有名なお噺《はなし》がございます。どうにも体調のよくない男が物知りの甚兵衛さんに相談したところ、猪の肉がええということで紹介状を書いてもらい、道を尋ねながら池田に住む猟師の六太夫を訪ね、一緒に猟をするというようなお噺です。初代露の五郎兵衛さんが原案を作られた噺だそうで、初代桂春團治さんをはじめ、三代目桂米朝さん、二代目桂枝雀さんといった方々が好んで演じられてきた旅噺のひとつです。

ちなみに初代桂春團治さんの墓碑は池田にございまして、また上方落語協会会長の桂三枝さんも池田にお住まいでございます。そんな縁から、池田は「落語のまち」ということにさせてもらって、「落語ミュージアム」なんていうのを設け、社会人の落語日本一決定戦なども開催させていただいております。

さて、落語ももちろんですが、大阪、関西は漫才をはじめ、よく言われているところの「お笑い」文化が昔から根付いていまして、「おもろい」ことに関してはみな寛容でございます。それでもって関西人はどんなことにも、いわゆるオチをつけないと気が済まないわけです。笑いが健康にいいということは医学的にも証明されているようで、昔から笑う門には福来ると言いますように「お笑い」はまことにいいものなのです。

ところが、どうにも昨今の関西は元気がございません。

そんな中、今を去ること三年半前、テレビ番組で過激な発言をしていた茶髪の弁護士さんが、「出馬は二万%ない」と言ったすぐ後に大阪府知事選に出馬し、見事当選されました。この知事、とにかく元気がいい。そしてヤンチャでございまして、次から次に「おもろい」ことを言ったり、やったりされる。

先ほども言いましたように、大阪の人間というのは「おもろい」ことが好きなんですね。全国学力テストの市町村別の結果公表に反対した教育委員会を「クソ教育委員会!」などと、およそ政治家が言わない、言ってはいけない言葉をFMラジオを通じて平気でお使いになって批判する知事。これを聞いた大阪府民は「なんぼなんでもクソはあかんやろ」と笑って言いながら「せやけど、その通りや。おもろいやんか」となるわけでございます。

もちろん、おもろいの反対に「けしからん」という声も上がって来ます。特に見出しになる失言や暴言を手ぐすね引いて待っているマスコミです。「クソ教育委員会」、待ってましたとばかりに知事に迫るんですが、するとこの知事、「オカンに怒られました」という関西人的言い回しで、笑って謝るわけでございます。とかく政治家の発言、言葉の軽さが批判されている昨今、「オカンに怒られた」はあまりにもテレビ的な物言いすぎやしませんか。それでもこれで丸く収まっているのですから、不思議なものです。

ほかにも、府の職員はじめ議会、大阪市長にも、ある意味弁護士的なロジックで喧嘩を売られます。喧嘩されるのはいいのでございますが、落としどころを心得ておられないのか、それともあえておもしろくしておられるのか、途中からロジックもなくなり、子どもの喧嘩のようになってしまうこともしばしばです。

断っておきますが、私はこの知事のこと、府民とは違う意味で「おもろい」と見ております。政治的センスもあるように思っております。大阪をいい方向に導く可能性も大いに秘めていると感じてもおります。

ただ、政治というのはセンスだけではどうにもなりませんし、おもろいだけではあきません。とくに大阪は「儲かってまっか？」という挨拶に対する答えが「さっぱりあきまへん」となって久しく、大阪経済の地盤沈下が留まりません。大阪市では一八人に一人が生活保護受給という都市部最低の現状を、もちろん知事もご存知です。

そこへ東日本大震災という未曾有の災害に見舞われて、東北はもちろん首都圏の経済にも大きなかげりが見られ、加えて原発の事故から電力不足になり、経済的二次災害といわれるほどの落ち込みが予想されています。

いまこそ大阪が一丸となって関西から西日本をまとめて、大阪が日本の新しいヘソにならねばなりません。大阪都構想、ONE大阪、関西州……思われることはいろいろおありなのはみんなわかっております。ですが、知事以上に関西、大阪を思う気持ちから、不遜かもしれませんが、行政の兄貴分という立場で、そろそろ知事には少々苦々しいことをいわせていただかないといけません。

知事のことですから、「オッサンに怒られた」と素直に聞いてくださるところと、「あんたはまるでわかってない。うるさいオッサンになるんやったら、こっちも言わせてもらいます」と、大阪市長に向けられたような罵詈雑言を私にも浴びせられるかもしれません。

まあ、そうなった時には、改めてどちらの意見が「とおる」かでございます。

拝啓　大阪府知事 橋下徹 様◎目　次

第二章　大阪都構想の裏側にある「府市あわせ」の構図

第三章　拝啓　大阪府知事 橋下徹 様

第四章　私たちが選んだ政治家で国を変える

第一章

大阪新悲喜劇〝橋下劇場〟で公演中

橋下候補の第一印象は「真面目な好青年」

最近、「女子会」なるものが流行っておるようでございますが、私たち首長にも首長の会というものがございまして、少々硬いお話になりますが、全国四七都道府県の知事で構成される「全国知事会」、おなじように全国の市長が集まる「全国市長会」、全国の町村長が集まる「全国町村長会」というものがあるのでございます。さらに都道府県ごとに「市長会」、「町村長会」というのもあり、それぞれの会で首長が一堂に顔を揃えまして、それはもう毎回真剣に意見交換・情報交換をしております。

私はと言いますと、大阪府池田市の市長ですから、「大阪府市長会」に所属というのか、会員というのか、当然ですが参加しています。そして、平成二三年五月まで、大阪府市長会の会長職を務めさせていただいておりました。

大阪府市長会の会長に就任したのは平成一九年八月でした。市長会では、府下三三市の市長が月に一度定例会議を行い、行政課題などについて話し合い、情報交換をし、大阪府に対しての要望、あるいは政府に向かっての提言などもまとめるわけですが、この時の大阪府知事は二期目の太田房江さんでした。

会長就任早々の秋のこと、府下市長と府知事との懇談会の場で、座長役だった私は知事にこう申し上げたのを今でも忘れていません。

「次なる期には、もっと各市役所を訪問するなどされ、府と市の連携を図って、府下市町村の応援団長としての役割を果たしていただきたい。私たちは知事の応援団なんですから」

知事は翌年に選挙を控えておられ、三選出馬は規定路線だったのです。私たちも太田知事三選を当然のこととして、お話ししていました。しかしながら、府の関係団体に招かれた際に多額の講演料を受け取っていたという報道が流れると、約束のドタキャンなど、悪評が一気に噴出して、あっという間に太田さんの知事三選を推す声は消えてしまいました。

ここは太田さんの名誉のために申し上げますが、首長が講師料を得るのは違法ではございません。ただ、その額が、いささかながら今で言うところの想定外だったようで、庶民感覚からすると「なんぼなんでも、そらないやろ」となったのです。法律違反していなくても責められる政治家、その行動はなかなか難しいもんです。

さて、そんなこんながありながらも日々は流れ、選挙は近づいてまいります。「次の大阪府知事にはだれがなるんや」という有権者の声が聞こえはじめたころでした。三カ月ほど前には大阪市長候補としても名前の上がっていた、テレビで活躍しておられた茶髪の若い弁護士先生の名が、大阪府知事候補に上がりました。

大阪の人間は特殊なアイデンティティを持っております。なんでも、いつでも「おもろい」のが一番なんでございます。政治もそうで、まずはおもろいことがよろしいとされる向きがあるようで、やっぱりおもろいことに期待するわけです。だから西川きよしさんや横山ノックさんが当選されるという土壌があるので、テレビで活躍の、歯に衣着せぬ発言をされる弁護士先生が知事選に出馬されれば、それはもうおもしろく、選挙戦は盛り上がります。大阪ならではの活性化の手法とでも申しましょうか。折りしも元タレントの宮崎県の東国原知事（当時）が「宮崎のセールスマン」を公言し、マスコミの話題を集めておったころですから、もし弁護士先生が出馬して知事になったら、これは大阪も賑やかになるのではなかろうかと、府民もどこかで期待をしていたようなところがありました。

ところが、マスコミに出馬の意向を訊ねられると、この弁護士さんは「二万％出馬はない」との発言でございます。

「まさか弁護士がええ加減なことは言わんから、こらあ出馬はないな」

「いや、あんなんは作戦で、出馬するで！」

有権者は喧々囂々《けんけんごうごう》、他の候補者は戦々恐々。さあて、どうなることやろかとヤキモキしはじめたところ、突如立候補宣言されたのです。

あれは一期目の東京都知事選でしたでしょうか、さらにこの四月の統一地方選挙でもそうでしたが、石原慎太郎さんが最後の最後になって出馬宣言をして、話題をさらってそのまま当選したことから「後出しじゃんけん」という言葉が生まれました。まさにこの手法、「後出しじゃんけん作戦」を取られたのでしょうか。

私が橋下徹さんにはじめてお目にかかったのは、その選挙戦の最中のこと。「知事選を戦うためには、大阪府市長会の会長である池田市の倉田市長に会っておくといい」と、どなたかにアドバイスされ、池田市役所にお越しになられたようでございました。市役所三階の応接室で、約二〇分ほどの短い時間でしたが、教育行政、医療行政などについてお話しをさせていただきました。私の第一印象は極めてよかったのでございます。

失礼ながら私は、橋下徹というお名前は存じておりましたが、出演しておられたテレビは観たことがありませんでしたので、ある意味では先入観がなかったのです。

とにかく、初対面の知事候補は、私の話を真摯に聞かれ、大阪府の将来をしっかり見据えられていて、噂でお聞きしていた「テレビで過激な発言をされるタレント弁護士」ではなく「真面目な好青年」そのものでした。この真面目さをもって府政に取り組まれたら、大阪は「ほんとうに変わるかも」、そんなふうに感じたことを今でもはっきり覚えています。「大阪府の知事は大阪の大統領で、最高の決定権と執行権を持つことになるんですよ。つまり、なんでもできる。だからこそ責任重大なんですよ」

「なんでもできる」、というのはその通りなのですが、私にしては少々過激な発言だったかもしれません。もちろん激励のつもりで言ったのですが、この言葉がひょっとしたら後の数々の強行、また大阪市との対立に繋がったのかもと思うと、胸の痛いところです。

知事候補だった橋下さんは、「知事に就任したら、大阪府市長会の定例会に毎回出させていただきたい」とおっしゃいました。熱さゆえ、また大阪を束ねるために市長たちの考えを把握することが最善の方法だとお考えになられたのでしょう。後に地域政党の代表者として府議会議員を束ねることになりますが、それに比べると発想としては正しかったかもしれません。

しかし、そもそも、知事が市長会の定例会に毎回お見えになることなど、これまでに例のないことですし、その名の通り「市長会」なわけで、市長会として知事をお呼びする時ならまだしも、毎回というのは実はありがたくも困ります。

「まあ、毎回ということになると職員も困ることもあるでしょうし、こちらも困ることもあるので、そこはうまく連携していきましょう」

簡単に言うなら「ありがた迷惑」なんですということを、それとなく、遠回しに、申し上げさせていただきました。

選挙は自民党と公明党の推薦を受け、財政改革と子育て対策、教育問題などを掲げて戦われ、そもそも最初からの作戦勝ちなのか、実に一八〇万票という票を得られて、対立候補に圧勝でした。ここに晴れて、橋下徹大阪府知事が誕生したのでございます。

当選後、すぐにお礼の電話をいただきましたが、電話口で「次の市長会の定例会はいつですか」と訊ねられました。正直、驚きました。まさかほんとうにすぐ市長会にお見えになるつもりだとは思っていなかったですから。

「ありがた迷惑」とお話ししたのですが、有言実行をお示しになられようとしたのか、選挙中の会話がその場だけのものでなかったことに「この人、本気やな。一緒にうまいことやれるかもしらん」と思ったのでございます。この時は……。

男の涙、オスカーものの名演技

「女の涙は武器と言いますからね」と言ったのは小泉純一郎さんでした。外務大臣を罷免《ひめん》された田中真紀子さんが「悔しいですね」と泣いた場面でございますね。ジェンダーフリーの時代に女も男もありませんが、男の涙も時に大きな武器になることがございます。

選挙で圧勝された橋下徹さんが知事に就任されたのは、平成二〇年二月六日のことでございます。

二月というのは、通常は平成二〇年度の予算審議を行う定例府議会が行われる月です。予算審議ですから、すでに骨格予算としての予算編成は終わっていて、それぞれについて議会で審議していただくわけです。当然ながら就任早々の知事でも、行政のトップとして審議に臨まなくてはならないわけですが、改めてすべての予算項目に目を通してチェックするための時間は、この段階では物理的にありません。

良し悪しは別として、こういうケースでは、まずは前述の骨格予算として通すのが普通です。後に、知事の方針を打ち出した中で、いわゆる肉付け予算の編成段階からしっかり取り組んでそのカラーを出していく。というのも、最終予算決定の二月の段階で編成が止まるようなことになると、すでに執行段階に入っているものがストップされることになるので、これは我々市町村の首長はもちろん、役所の職員、いやいや住民にとっても迷惑な話になってしまうわけです。

さて、圧倒的な支持を得て就任した新知事でございますが、真面目さゆえのことなのか、はたまた誰かの耳打ちがあったのか、議会に提出する予算案を「暫定予算にする」と言い出されたのです。しかも、なんと四ヵ月にわたる長期の暫定予算だと。

府はもとより府下市町村にとっては青天の霹靂《へきれき》、とにもかくにもこれはいけません。「行政の素人」と公言されていた知事ですが、素人にもほどがある、というところです。おまけに、「当該年度における市町村補助金の大幅見直し、カット」を言い出されたのには、私たち市町村長は唖然でございます。

知事にしてみれば「聖域なき財政改革」だったのでしょう。知事の改革ＰＴ（プロジェクトチーム）は、市町村補助金四五億円カットを含んだ一一〇〇億円の歳出削減案を提出されたのでした。

もちろん市町村は猛反発ですね。カットされた府の補助金は別途特別の財源で穴埋めするか、住民サービスをカットするしか道はなくなります。そうなると住民の文句、クレームがこっちに及ぶのは火を見るより明らかで、この期に及んでは暫定予算も補助金カットもあり得ません。どちらも無理。わかりやすく言うと、大学進学が決まっていた子どもがいて、奨学金で入学金と授業料を出していただくことになっていたのが、突然奨学金を出しませんと言われたようなものでございます。大学へ行かせるにはどこかから借金してくるか、進学を諦めさせるか、ということしか道はなくなるのです。

さあ大変でございます。ここからあの忘れもしません、私たち首長が一大悪役になってしまったあの「事件」へと相成ったのです。

時は平成二〇年四月一七日、場所は市長会と町村長会合同の懇談会の会場。知事が、大勢のマスコミを従えるようにしてやってこられました。マスコミ取材は懇談の頭だけ撮影して、後は関係者だけで意見交換を行うのが常套ですが、マスコミにはフルオープンの姿勢を示されていた知事は、マスコミも入れての懇談を希望されたのです。

知事がそうおっしゃるなら、望むところでございます。こちらの言い分が正しいことを府民にもわかっていただけるだろうと私たち関係者はOKし、マスコミのカメラが入った中で懇談会が行われました。

実はこの懇談会の前、知事は池田市役所にお越しになっていたのです。そこで私は知事に、老婆心ながらアドバイスのつもりでこんなことを申し上げました。知事も覚えておいでのことでしょう。

「府と市町村の信頼関係に基づいてそれぞれの新年度予算が編成されており、府下市町村はすでに予算編成作業を終えていて、議会での審議も終わり執行段階に入っています。いまになっての予算カットや見直しは、府と市町村の信頼関係に亀裂を生みかねません。それでも強引に補助金カットとなれば、市町村との全面戦争になりますよ」

脅かすつもりなど毛頭ありません。それでもあえて「全面戦争」なる言葉を使わせていただきました。府の財政再建を優先することに主眼を置き、府下市町村の財政の破綻を招くようなことがあれば、主客転倒です。せめて平成二〇年度は前年並みとして執行していただき、翌年度から財政再建のために協力を、ということであれば、まったくやぶさかではないわけで、そのことをお伝えしたということです。

懇談会の会場は最初から異様な雰囲気でした。居並んだ首長たちは知事の方針への疑問と憤《いきどお》りを述べ、方針撤回を口々に強い口調で求めました。

「いいです、すべて僕の責任にしてください」

知事は折れませんでした。このあたりはリーダーシップの欠片もない誰かさんとは大違いでございますね。なんにしても「自分の責任にしてください」とトップが言うのは大したものです。が、知事もトップなら首長たちも市町村のトップなわけでございますから、簡単には引き下がれません。

「いまさらカットはあり得ない！　無理や！」

「じゃあ、どうしろと言うのですか！」

「だから、来年度から知事の方針に協力すると言うてるやないですか！」

ただならぬ様子に、新聞記者をはじめとするマスコミも固唾を呑んでいるのがわかりました。それはそうです。構図としては四三市町村長対知事ひとりのバトルですからね。

けっきょく結論に至らないまま、懇談会も終了時間に近づいたころです。最後に与えられた知事の発言の時でした。知事の手にしたマイクが報道陣のマイクとハウリングを起こしたのです。今思えば、ピーキューーという音は知事の悲鳴だったのかも知れませんね。

「マイクなしでいいじゃないか！」

すかさず意地悪なヤジが飛びます。

「はい」と知事がマイクをテーブルに置いて、地声で話しはじめられました。そして徐々に声のトーンが高くなって、言葉に詰まりはじめたと思った瞬間です。さんざん集中砲火を浴びて感情が昂ぶられたのでしょうか、「なんとか協力してください。お願いします」そう言った瞬間、知事の目から、涙がこぼれたのでございます。もちろんテレビカメラは見逃しません。知事の表情をアップで捉え、頬を伝う涙を映しました。そしてこのシーンが全国に放送されたのですから大変です。

府民はもとより、全国的に注目され、人気のある知事でございます。まして財政再建のために倹約を主張し、改革を呼びかけているところ、知事よりもはるかに年齢が上の市町村の首長たちが、寄ってたかっていじめている……そんなふうに映ったのは仕方ないのでしょうね。ほんにテレビは恐ろしいものでございます。

懇談会終了時に私も囲みの取材を受け、「泣いてしまったら話が進まないですね。泣きたいのはこっちです」とついつい本音の発言をしたのですが、これもテレビで放送されるや、大阪だけでなく全国から抗議、お叱りの電話、メールが殺到しました。いまで言うところの見事炎上です。おかげで知事が善玉のヒーローで、大阪府下市町村の首長は悪役ヒール、私などはその親玉になってしまいました。私としては、ここからしばらく、まさに泣きたい日が続いたのです。

後に知事は、ほんとうかどうか、この時の泣いた場面のことをマスコミに「演技だと思っていただいてかまわない」と語られました。おいおい、でございます。ウソ泣きでこっちが悪者にされたとなったら、かないません。しかし、もし演技だったなら、四三市町村長でアカデミー賞を差し上げなければならなかったですね。さすが、テレビで活躍されていただけあって、マスコミの使い方がお見事でございました。

でも、あの時の知事の涙はやっぱり……。

水道統合のころの知事は柔軟でした

親しい間柄なのに、妙によそよそしいことを「水臭い」なんて言葉で表現いたします。本来は「味気ない」「まずい」という意味なのですが、大阪の人間はお店などで値切り交渉するような場面でも「水臭いこと言わんとき」などと申し、すぐに親しい間柄にしてしまうのでございます。

今ではすっかり「水臭い」関係になってしまった橋下知事と平松邦夫大阪市長ですが、統一地方選挙を終えたところで私が知事に強く望むのは、知事就任当時の初心に帰り、原点に立ち戻って、大阪をどうすることが日本のために関西のために、そしてもちろん大阪府民のためになるかを練り直した上で、今一度新しいスタートを切っていただくことです。

たとえば、水道事業統合のことを今一度思い返していただきたいですね。知事がまだ平松邦夫市長と水臭くなく、仲のよかった「あのころの」ことです。

当時の知事は府市協調の中で、大阪府の水道と大阪市営水道を統合し、府内一水道にするという思いで進んでおられました。いわゆる二重行政の一本化の代表的な案件です。

しかし、私たち首長の思いは決して知事とおなじではありませんでした。

経緯はこうでした。当初、大阪府は大阪市との水道事業の統合に向けて話し合いを行っていました。そして大阪府は、大阪市から提案された「コンセッション型指定管理者制度」を受け入れ、合意に向かっていました。

ところが、これに大阪市を除く市町村が「待った！」の大号令。コンセッション型指定管理者制度とは、大阪市が府営水道をそのまま引き継いで運営するというもので、つまりこれが実現されてしまうと、大阪市議会で大阪府下市町村の水道料金の基礎が決定されることになるわけです。

これ、とんでもございません。他の市町村は、それはもう反対するのが当然です。いやいや、「平松市長が悪い！」ということではなく、大阪市がより巨大化するのがよくないということなんです。それでも、当時は橋下・平松両首長が蜜月の間柄だったこともあり、知事も一旦は大阪市の提案したコンセッションを受け入れられました。

そもそも大阪市を除く大阪府の水道は、昭和二六年に通水を開始して以来、府の水道部が水道水と工業用水の供給を行ってきました。しかし、人口減少や節水思想の普及などをはじめとする社会情勢変化から水の需要が減り、水道事業そのものの役割もガラリと変わりました。そこで、まずは大阪府と大阪市がそれぞれ二重に行っているものを統合し、経営基盤を安定化させてということがスタートだったのですが、それを即大阪市が行うのはどう考えても納得いくものではありませんし、府内の市町村からは地域主権に反するものであるとの意見がほとんどでした。

そこで、大阪府市長会会長の私としては、地方自治法に基づいた広域的な行政サービス事業を共同で行う組織、企業団方式を知事に提案することに至りました。これなら市町村で個別に水道を管理運営できますし、料金の見直しもできます。

企業団方式の提案に際して、私は知事にこう言わせていただきました。

「大阪の水道事業をひとつにする、そのための近道が大阪府と大阪市のコンセッションではなくて、大阪市を除く府内市町村の水道事業統合をまず行って、後に近い将来、大阪市の水道事業を統合するほうが、結果として近道になるのはないでしょうか」

すると、知事は即座に、

「私はひとつの方法を強引に推し進めようとしているのではありません。結果が大事なんです」

と私の提言に対して、素直に耳を傾けてくださいました。いやはや、いかに橋下知事が柔軟な思考の持ち主であるか、この件ではそれを示してくださったのです。さらに知事は「市町村が自分たちでやるという動きが出てきたのはいいこと。最終的に（〝府〟は）市町村の意思に従わなければならない」とのコメントも出されました。なかなかやるもんや、とほんまに感心いたしました。

当時も申し上げましたが、あのまま大阪市提案のコンセッション型指定管理者制度で進んでいたのなら、おそらく現在の「大阪広域水道企業団」は発足にも至っていなかったでしょう。なぜなら、それほど府内の市区町村と大阪市との考え方の違い、そもそもの文化の違いがあったからです。この文化の違いというのは、ロジックでは埋められないものでございますね。

結果的に大阪市を除く大阪府内四二の市町村が参加し、「大阪広域水道企業団」の発足と相成ったわけですが、この件が水道だっただけに、橋下・平松の蜜月時代に水を差すことになってしまったのでございまして、そこはほんとに申し訳ないことでした。それでも知事の迅速な決断によって、大阪市を除く大阪府内市町村連携による水道企業団の発足に至ったことを見れば、第一段階としては成功だったはずです。

「ひとつの道を強引に押しつけるものではない……」

実はこうした柔軟さが橋下知事の原点です。にもかかわらず、どうにもこの後はヤンチャぶりが際立って、府議会をはじめ行く先々、事あるごとに切り捨て御免とばかりにひとつの道を強引に押しつけて、対立の構造をつくり上げられているように見えて仕方ないのは私だけでないように思うのですが。

関西州、大阪都構想、ONE大阪とは、いかに大阪がよくなるのか、いかに関西のため、日本のためになるのかの道筋やったはずでしょう。行政経験まるでなし、まったくの素人からスタートして三年半、独自の類稀《たぐいまれ》なる政治的センスに加えて行政経験も積んでこられました。

今こそ、初心に戻ってもうひと頑張りしていただければ、大阪にとって最高のリーダーになられると思っているのですが……。

教育改革にかける情熱が沸点に達したとき

教育のお話でございます。

教育というのは難しいものでございまして、読んで字のごとく、教え育むということなのですが、教えると一言で言っても、知識と知恵によって教え方が異なりますし、育むと言っても、そこには肉体と精神の両方がございまして、どちらが欠けてもいけません。まして、昨今では教えられる側よりも、教える側の、いわゆる「教師」や「親」の質が問われている時代でございます。

ご存知のように日本国憲法の第二六条には「すべて国民は、法律の定めるところにより、その能力に応じて、ひとしく教育を受ける権利を有する。すべて国民は、法律の定めるところにより、その保護する子女に普通教育を受けさせる義務を負ふ。義務教育は、これを無償とする」とあります。

本来、教育は第一義的には保護者が義務を負っているのですが、さらに国も無償で教育を受けさせる機会を、憲法で義務づけているということです。

さてさて、名門進学高校の府立北野高校から早稲田大学政経学部に進まれ、大学卒業後に司法試験に合格された経歴をお持ちの知事は、それはもう教育に関して並々ならぬ情熱をお持ちでです。加えて自ら七人のお子さまを育てられている父親としても、もちろん行政の長としても、日本の将来を担う大阪の子どもたちに対する教育に情熱をお持ちになることとは、それはもう当然のことでございましょう。

知事に負けず、池田市でも教育改革を断行したく、市長の私自身もこれまでいろいろなことを考えてきました。キャリアの少ない若い先生方の負担をなんとか減らせやしないかと、定年退職された元教師の方々にボランティアとして学校に入っていただけないか、なんてことも考えてきましたし、精神的に問題を抱えてしまった不登校児童のためのフリースクール設立も考えたことがありました。

池田市ではそれなりに取り組み、それなりに進んではいますが、これがなかなか、教育は市長としては「アンタッチャブル」な分野で、悲しいかな私には教員の任命権も人事権もありません。ほかの政策とは異なり、いささか以上にハードルが高く、簡単に思いを実現させるのは難しい分野なのです。

　それはさておき、こう言ってはなんですが、教育改革は情熱だけではできやしないものなんですね。まして、そこにトップの個人的な感情が入ってしまっては、教育の現場の士気など上がるはずもありません。それに、教育にはたっぷりのお金と、たっぷりの時間がかかることくらい、知事ほどのお方ならご存知でしょう。さらに、なにより教育には「心と愛情」が必要でございます。

「大阪の教育を日本一に！」

　そんなふうに叫ばれる知事に対して、私はもちろんですが、大阪府下の首長のだれも異論はないわけです。

　しかし、ですね。

　あれは平成二〇年八月二九日のことでした。平成二〇年度の全国学力テストの結果が発表され、四七都道府県の中で大阪府は、小学校が全国三四位（算数B）～四五位（国語B）、中学校では数学Aの四三位が最高で、あとはすべての教科が四五位と出ました。これを知った知事は、烈火のごとく怒り爆発でした。

「このザマはなんだ！　教育委員会は最悪。民間なら（教員たちの）減給は当たり前！」

兼ねてから知事の行動力と発言力には驚かされ、支持していましたが、このお言葉たるや、およそ八八〇万人都市のトップのお言葉とも思えず、まるでヒステリックなクレーマーのように感じたのを覚えています。

さらに翌日のシンポジウムで、「市町村の教育委員会は甘えている。（市町村別の）結果が表に出ないからだ」とのご発言。都道府県別の結果だけでなく、市町村別の結果を公表すべしとの持論に至られたわけですが、そこには、成績の悪かった市町村をさらし者にして、府中引き回しにでもしてやろうというお気持ちがあった……いやいや、まさかそんなことはございますまいが、とにかく市町村別の結果を公表しろと。

うがった見方、聞き方をしてしまいますと、こういう発言は、ひょっとしたら「我が子の成績が低いのは教師のせいや！」と、学校に乗り込んで校長や教頭や担任を恫喝《どうかつ》するモンスターペアレンツとおなじのように見えたりもするのです。

知事のお気持ちはわからないわけではありません。結果だけを見ればお怒りもごもっとも。加えて、作為的なのか否か、知事の発言が過激であればあるほど、マスコミは喜んで取り上げ、それを見た大阪府民は「また吠えよった」とおもしろがります。すると、ますます調子に乗られるということではないとは思いますが、その後のラジオ番組ではついにあの発言が飛び出しました。

「あのクソ教育委員会が……」

知事が知事でなく、茶髪のままテレビのワイドショーのコメンテーターや評論家としておられたなら、歯に衣着せぬ過激な発言もよろしいでしょう。アホでもボケでもカスでもよろしい。ですが橋下徹さん、あなたは府民の代表として、信頼されないといけないお立場になられたのです。なんぼなんでも「クソ」はあかんでしょう。しかも、教育問題についての発言で「クソ」は。

さすがに翌日の朝のぶら下がりで報道陣に「子どもに悪影響」「オカンに怒られたので、クソという言葉は今後つかいません」と、反省的に話されましたが。

思い起こせば、知事が立候補され、選挙活動をされていた最中に池田市役所に私を訪ねてお越しになった折に、私はこう言いました。「大阪の大統領になるんですよ」と。老婆心ながら、知事というのはそれだけの権力を握るんですよ、ということをお伝えしたわけでございます。「もしかしたら、このときの老婆心からのアドバイスがアカンかったのか。言い過ぎたかな」と、その後の知事の言動を見て、私も考えさせられることしきりです。

いずれにしても、行政のトップが「なんやこのザマは！　民間なら減給は当たり前」と言ってしまったら、それはもう反発必至ですし、現場は「やってられません」、と士気も下がってしまいます。事実、学力テスト結果発表から一二日後の平成二〇年九月一〇日に大阪府教育委員会の要請をうけて開催された府下市町村の教育長会議では、知事の市町村別の結果を公表すべし発言に対し、

「責任者として公表すべしと思っている」

「知事の熱い思いの表れとして、重く受け止める」

との賛成意見も少数述べられましたが、

「市町村教委が甘えているという発言には憤《いきどお》りを覚える」

「はじめの決まりや約束を破って、脅しに屈するのはおかしい」

「現場の先生たちは大変がんばってくれている。その中での厳しい結果なので、もう少し時間がほしい」

など厳しい意見が相次いだと言われていました。

まあ、私もひとりの府民として、いや、アンタッチャブルな教育行政の横にいる市長として「なんや、このザマは！」と言いたい時もあるにはあるのですが……。

政治家も人なら、教育者もまた人でございます。そこに利害関係、師弟関係、雇用関係、

主従関係などがあっても、最後の最後、根底にあるのは信頼なのではございませんか？そう考えていた私に、次なる難問が舞い込みました。

「教育委員会だけに任せておけない」

教育長会議の一週間後の九月一七日、知事は直接府下の市長と懇談したいと要請されたのです。「おいおい、なんで今やねん」と思った市長もおられたはずです。というのも、この時期はそれぞれの市で九月議会が開催されていましたから。それでも知事の思いが伝わったのか、議会中にもかかわらず、私を含め一六人の市長が懇談会に出席しました。えっ私ですか、私はもちろん我が意を得たりというところでした。

私は、当時池田市長四期目の途中だったのですが、振り返って見ても、市長と知事が教育をテーマに意見交換するなど、まったくもって前代未聞、初の体験でございました。アンタッチャブルな教育について、市長が知事と意見交換でございます。そういう点では、さすが橋下知事！

教育をテーマに、と申しましたが、実は知事の意図はミエミエで、要は「全国学力テストの市町村別の結果を公表するように求める」ということ。私たち市長は最初から知事の意図がわかっていましたから、概ね公表については賛成という姿勢だったわけです。ただ、私からは池田市では設問別の正答率を公表している事例を紹介させていただき、「単に全体の点数のみの公表を強制すべきではありません」というようなことを言わせていただきました。そして、知事だけでなく多くの首長が教育委員会のあり方に疑問を持っていることと、知事には遠慮しないでどんどん教育行政に介入してほしいと。いや、決して「火のついてる知事に、油を注いだれ！」と思ったのではありません。私としてはあくまで本心で、そんなことを申し上げたのでした。

すると、ここで長老の登場でございます。一〇期目だった貝塚市の吉道市長（当時）が若い知事にこう申されました。

「大切なことは介入でなく『連携』、必要なのは圧力ではなく『心』ですよ。あんまりタマを打ち過ぎると、教師の中に抵抗を生み、挫折感を味わわせることになるんですよ」

市町村に教員の任命権や人事権のないことに疑問を呈しながらも、さすが長老でございます、いいことを申されました。

知事は覚えておられるかどうか、あの懇談会の後、私から一通の書簡をお渡しいたしました。内容は大阪府教育委員会の持っている権限の移譲についてのものです。まさかあの書簡のおかげ、とは申しませんが、一〇月一六日には九月に知事が発した教育非常事態宣言を受けて、「大阪の教育力向上に向けた緊急対策」なるものを、大阪府知事と大阪府教育委員長の連名で発表。「子どもたちに三たび同じ思いを味わわせない」と学力向上への熱い思いと具体的ビジョンを示されました。その結果は……。

教育非常事態宣言から一年を経過した平成二一年度の学力テストの結果が八月二七日に発表されました。「どれどれ、大阪府は……」と見ますと、小学校の算数で大きく順位を上げた以外は、どれも昨年並みの結果でございました。またまた知事の怒りは頂点に達したことは言うまでもありません。さすがに「クソ」はもうお使いにならないだろうと思いながら、どういうお言葉でお怒りを表現されるのかと思っていましたら、こうです。

「教育委員会だけではなく、市町村長にもその責任はある」

またまた圧力的発言が飛び出したのです。市町村長にも責任が……つまり、池田市長である私にも責任の一端があるということだったのですね。「力ではなく心ですよ」と、当時市長一〇期目の長老、貝塚市長の声が聞こえてきそうで、それはもう、もちろん私からも知事に一言言わせていただきました。

「大阪府教育委員会の権限の及ばないふたつの教育委員会、すなわち政令市の大阪市、堺市の分を除いた平均点を出してみたらいかがですか」

そうなんですね、このふたつの市は、大阪府の教育力向上に向けた緊急対策の傘下に入っていないのですから、その成果を確認するのなら、この二市の結果は除外すべきなのでございますすね。「平均点で三点位は上がると思うのですがいかがでしょうか」と。

まあ、そんなこんながありながら、平成二二年になると「小中学校の教育は責任の所在がはっきりしない。責任と権限を市町村に集中すべき」と言われ、「小中学校の人事権と予算権を市町村に渡したい」と権限移譲を打ち出されました。異論なしどころか、若い知事に拍手でございました。人事権と予算権が移譲されれば、市町村ごとに特色のある教育ができるわけで、教育がアンタッチャブルでなくなるのです。

しかしながら、予算権については法改正が必要で、簡単にできません。法律家の知事なら最初から百もご承知でしょうが、素直にポーンと言ってしまうのですね。

結果、知事は文科省に人事権移譲を要請し、「人口五〇万人程度の規模のところに対し人事権のみの移譲については現行法制の中でも可能」との回答を引き出されたのでした。この手法こそが橋下知事の『力技』でございます。橋下知事以前の知事では、こうして国と渡り合うことはできませんでした。

我が池田市の人口は約一〇万人。ということは、文科省の指し示した基準には満たないわけで、せっかくの人事権が移譲されないことになります。なんや、となるところですが、そこは考え様で、市町村連携して人口基準地域を設ければいいわけです。実際に現在池田市は大阪府の協力の下、豊中市、箕面市、豊能町、能勢町の三市二町で、教育人事権の移譲を受けるべく、広域連携で具体的な作業に取りかかっています。

この手法こそ、知事の政策を反映した「心」の行政の第一歩です。

もうひとつ、義務教育の小中校に加え、政府が実施した公立高校授業料無償化から、家計の事情に関係なく、公立と私立のどちらでも選べる状況をつくり、学校を競わせて大阪の教育の質を上げると、知事は私立高校の授業料無償化を実現させました。運営助成金も生徒数に応じて助成額を決めるとの方針を示されたのです。さらに公立高校には学区と関係なく優秀な生徒を府下の一〇校に集める進学指導特色校もはじめられました。「やりますなあ」というところですが、ここでも知事は一筋縄ではいきません。

「公立も私立も、生徒が集まらなければ退場」

発言はどんな場面でも、相も変わらず過激で刺激的です。しかし、やはり知事の教育改革、大したものでございます。

大阪国際空港廃港、知事の本心は？

大阪では日本にとって大事なことがいっぱい起きていますが、なかなか全国ネットのニュースになりません。この際、それをなんとか知っていただきたいと切に思います。そのひとつが空港をめぐる問題です。

大阪にはふたつの空港、関西国際空港と大阪国際空港があります。と言いますと、三〇代より下の方は「関空は知ってるけど、大阪国際空港ってどこにあるの？」と首を傾げられたりするのでしょうか。「伊丹空港ですやん」と名称を変えてお話しすればすぐにわかっていただけるでしょう。

大阪国際空港が、伊丹空港と呼ばれるようになったのは、昨日今日のことではありませんが、この呼び方が全国に浸透してしまったのは、少々うがった見方をすると、関西国際空港が開港してからだと記憶しています。マスコミが報道する際に関西国際空港と大阪国際空港が混乱して伝わらないようにと、大阪国際空港から大阪と国際を取って、伊丹空港としたのですが、私はもちろん立場上ということもありますが、間違っても伊丹空港とは申さず、「大阪国際空港から東京へ行きます」というように、かならず大阪国際空港と言っています。または、池田空港から羽田へとね。

伊丹空港と言われている大阪国際空港は、兵庫県伊丹市、大阪府豊中市、そして大阪府池田市にまたがっており、玄関口は池田市と豊中市にあります。また、国際空港という正式名称ですが、現在は残念ながら国際線は飛んでいません。大阪国際空港は世界でただひとつ、国際線の飛んでいない国際空港なのです。ギネスブックに登録できませんでしょうか。

それはさておき、この大阪国際空港をめぐって、廃止論を含めた論議が二転、三転、四転したことを、関西以外の日本の方々はどれだけご存知でしょう。これは日本の経済にも関わる問題でございます。

橋下知事が就任されて間もないころでした。関西国際空港（関空）に乗り入れていた航空各社から減便の申し出が相次ぎました。すると知事は、神戸空港を含めた関西三空港のあり方を検討すると言われ、「伊丹―成田路線が原因で関空の利用客が伸びない」と、まずは路線廃止をぶち上げられました。

その半年後でした。今度は「勉強不足だった」と一転、関西三空港一体運営に関する将来展望と課題を提言されたのです。

が、さらに八ヵ月後の平成二一年九月でした。韓国の仁川国際空港、シンガポールのチャンギ国際空港を視察された知事は、これこそがハブ空港だと主張され、関西におけるハブ空港はいうまでもなく関西国際空港であると明言されたのです。従って関空にハブ空港としての機能をより充実させるためには大阪国際空港を廃港にし、関空の力をもう少しつけるべきであると主張されました。この時には、思わず「どっちやねん」とツッコミを入れたくなりました。仁川は金浦、上海浦東には上海虹橋という補完する国際空港が存在していることをお忘れなきように……。

まだあります。平成二二年一月の新年互礼会で「一にも二にも三にも四にも五にも六にも七にも八にも九にも伊丹廃港」のご発言。

大阪国際空港廃港論はまさに橋下知事平成二二年春版のキャッチフレーズのひとつ、施策のひとつになっていたのです。

私は知事に伺いました。

「大阪国際空港の廃港を申されておりますが、さて時期はいつですか？」

「それは、梅田の北ヤードと関西空港を結ぶリニアが開通した時、あるいは東京―大阪間を結ぶ中央リニア新幹線が完成し、一時間一五分で東京と大阪が結ばれた時。そうなれば大阪国際空港における伊丹―羽田便の必要性がなくなるだろうから、将来的な廃港を念頭に置きながら、跡地を場合によっては危機管理都市、いわゆる第二首都のようなことも考えてもいいのでは」

これが知事のご回答でした。

「では、中央リニアが完成して開通するまで、関空と梅田を結ぶリニアが開通するまで、大阪国際空港はどのように利用したらよろしいの？」

そうお聞きしました。すると知事はこうお答えになられました。

「大阪国際空港から国際線を飛ばさないという奇妙な取り決めがあるそうですが、そんなものにこだわらず、それはもうガンガン有効に活用したらいいでしょ。そして大阪国際空港の利益を関空にまわせばいい」

「近距離国際線も含めてガンガンですね」

「もちろん、そうです」

私の耳はまだまだ悪くなっておりません。よもや聞き間違いや空耳であるはずはないのでございますが。

この度、関西国際空港と大阪国際空港を経営統合して、経営・運営を事業会社に委託していこうという法律がつくられました。民間の事業運営会社の判断によって、あるいは利用者のニーズによって、将来の廃港を睨みながら、この先の二〇年、三〇年、両空港が両立活用されるということで進んでもいい、大阪国際空港から近距離海外の韓国や中国に飛ばしてもいいと私は思っているのですが、知事、このお考えは変わっておられませんでしょうね。

これ以上空港所在市の池田市として、大阪国際空港問題で「イタミ」を感じるのはごめんなのですが……。

覚えておられますか？　WTCビル騒動での助け船

空港問題にからめて話題を転じますが、橋下徹知事、ほんまにあなたは、まあなんと素直なお方なのでございましょう。まずは褒めさせていただいているのでございます。もちろん紛れもない本心です。

平成二二年、いや二一年だったでしょうか。知事は韓国を訪問されて、仁川国際空港を見て、その郊外にあるWTCビルを目の当たりにされました。世界に開かれた国際空港の仁川、それをまるで後方から支援するようにそびえた、経済活動の拠点としての摩天楼WTCビル……。そこで「これや！　これがこれからの大阪のあるべき姿や」と思われたのでございましょう。

大阪にも、大阪市の第三セクターが南港咲州に一一九〇億円を投じて平成七年に建設した、それはもう仁川にも負けない高さ二五六メートルの摩天楼、WTCビルがあります。

韓国で見てきたばかりの脳裏に、はっきりくっきりと焼きついた韓国ＷＴＣビルにも負けない大阪のＷＴＣビル、これが知事の思い描く「関西州の州都、大阪の中心や」と思われたのでしょう。いや確信されたのでございましょう。この時から、大阪市が所有していたＷＴＣビルを大阪府が購入するということを明言し、なにがなんでもといった勢いで購入実現に向けて積極的に取り組まれました。

バブル崩壊からリーマンショックに至る経済不況で、ＷＴＣを中心とした周辺開発も進まず、テナント誘致にも失敗していて、ＷＴＣビルは平成一四年には二三六億円にもおよぶ債務超過となっていました。つまり、事実上倒産状態で、お荷物になっていた大阪市にとっても、大阪府の買い取り案は渡りに船でした。平松市長も諸手を上げて知事を全面的にバックアップ、いまでは懐かしい知事と市長の蜜月時代のエピソードです。

知事にしても、闇雲に大阪市からのＷＴＣビル購入を明言されたわけではありません。新たに購入予算を組むなど、財政難の大阪府には、転んでもひっくり返っても無理です。とくに聖域なき財政改革で、ハコモノの売却などを、批判をもろともせずに行っていた知事ですから。

ところが、なんと、大阪府にはＷＴＣ購入に使える予算があったのです。

大阪府庁舎は大正十五年に建てられたビルで、築八〇年以上経過し、とにかく古い。その上、老朽化はもちろん耐震性にも問題があるということで、建替・耐震補強工事の必要性が平成元年から議論されていました。

ようやく平成一九年九月議会で本館耐震改修設計委託費の補正予算が可決され、いよいよ耐震改修工事が行われることになっていたのです。つまり、改修工事予算があったわけでございます。加えて、近くの民間ビルにも各部署が点在している状況で、一カ所にまとめたほうが効率がよくなるのは明らかでした。

「そうや、改修するんやったら、改修のための予算で新しい近代的な高層ビルを買って、そこに府庁を移転すればええやないの」

台詞はあくまでも私の勝手な想像ですが、ロジックとしてはそういうことだったのでしょうか、知事は府議会でもこのような説明をされておりますから。

そんなこんなで、このWTCビルの購入に際して、それはそれは意欲的に取り組まれました。ある種、執念のようなものまで感じたほどです。

知事の正面突破の仕掛けは、WTCビルを購入して、そこに大阪府庁を移転するというものでした。

「それは無理とちゃうかな」

府庁の移転については、私は相当な抵抗があるだろうと踏んでいました。議会で三分の二の賛成が必要で、これまでのいろんな経緯、確執がある議会内抵抗勢力に加え、庁舎移転に対する府議会の抵抗感を慮《おもんばか》れば、簡単に可決されるとは、おそらく知事自身も思っておられなかったはずです。

池田市で実施している、市長インターンシップに来ていた学生に問われました。

「どうして府議会の先生たちは、府庁のＷＴＣビルへの移転に反対なんですか？」

私はこう答えました。

「簡単なことや。府庁から大阪城が見えへんようになるからや」

学生がわかったのかどうか、キョトンとした顔をしておりました。

大阪以外のところにお住まいの方にとっては、「府庁から大阪城が見えへん」という理由で府庁の移転に反対するなど、にわかに信じられないでしょう。ところが実際の話、そうなのです。

大阪府庁は大阪城のまん前にあり、自分たちの執務室の窓から、「天下統一をした太閤秀吉のつくったお城が目の当たりにできるこの地こそが、大阪の拠点なんや」と思っておられる古い先生方が多くおられるのです。

対して橋下知事は、いわゆる現代っ子でございます。何百年も前の古いお城より近代的な摩天楼のほうがいい。

もちろん、機能的な面からすればＷＴＣビルは府庁舎として申し分ないでしょうが、知事は古い先生方の単純なアイデンティティをわかっておられなかった。結果、なんとかＷＴＣビルの購入は可決されたものの、府庁移転は否決と相成ってしまったのです。

ところがこのＷＴＣビル購入に至る経緯の中で、出過ぎたことだったでしょうが、大阪府市長会の顧問であられた当時の吉道貝塚市長を先頭に、大阪府下二八の市長が「ＷＴＣビルの購入にあたり、大阪府の将来展望を考え、互いに感情論ではなく展望を持って議会に望んでいただきたい」と、府議会と知事に対して要望書を提出させていただいたのです。

これはある意味、知事の意向を受けて議会に対して一定のプレッシャーをかけたことになり、おかげで議会も柔軟に対応し、ＷＴＣビルの不動産買い取りについては、賛成多数を得て承認されたのです。

当時の府議会議長は朝倉秀実さんでしたが、それはそれは紳士的に、丁寧に対応してくださいました。

こうして知事の思いが一つひとつ実現していったわけですが、実現の裏に大阪府内の多くの首長の支援・理解・協力があったことを、ぜひとも忘れないでいただきたいものです。

しかし、知事の少々行き過ぎのところもありました。WTCに関西州の州都を置くと発言したところです。

関西州が実現したら大阪が州都になるのは、いろんな条件を考えれば当然でしょう。そうなれば州庁をWTCにというのも納得できるのですが、それを当たり前のように、いろんなところで、いま流行の「どや顔」で「関西州の州都は大阪」と、頭ごなしに言われますと、面白くない周辺府県首長や住民は「そんなもん誰が決めたんや！」となるのは、これまた感情として当然なわけです。

私は多くの友人に語っています。「あれは知事の若さだったかもしらんね」と。

「関西州の州都は古くから都のあった京都、奈良、あるいは世界に開かれた港町の神戸ですよ」と仕向けるくらいのしたたかさがあってもよかったのにと。

京都も奈良もかつての都ではありましたが、残念ながら現代社会インフラの空港も港湾もありません。そうすると、「そうは言うても、京都も奈良も関西州の州都としては機能的やない、神戸にしても空港と港はあるけど、そらやっぱり規模からして関西国際空港、さらには大阪国際空港を持っている大阪のほうが関西州の州都にふさわしいでしょ」というように、他府県の知事から自然な流れで了解を得られるでしょう。そこで、関西州ができたその時には「大阪を関西州の州都に、その拠点施設としてＷＴＣビルを」となって、府庁移転も実現できたはずではありませんか……。

まったく、猪突猛進、正面突破が大好きな知事の嫌いな「遠回り」かも知れませんが、「急がば回れ」という諺《ことわざ》があるように、また水道事業とおなじように、結果近道になったのではないでしょうか。

もちろん政治にはスピードも大事です。とくに東日本大地震後の政府の対応を見れば、いかに早い決断、行動が必要であるかわかります。一方、じっくり思考して、根回しというプロセスを踏んで、足下を地固めしながら実行しなければ破綻する施策があるのもまた、政治の世界でございます。

「州都」だけに、勢いだけでなく用意「周到」でいかねばならなかったのでは……。

第二章

大阪都構想の裏側にある「府市あわせ」の構図

大阪都構想のほんまのはじまりは……

大阪の人間は、東京で今どんな話題が盛り上がっているのか、よく知っております。ところが、東京の知人の中には大阪で今話題になっていること、さすがに阪神タイガースのことも含めて、たとえば大阪駅がリニューアルされ、ステーションシティに生まれ変わったこと、天王寺に「キューズモール」なる東京の109も入った巨大なショッピングモールがオープンしたことなど、あまりご存知ないようでございます。まして「大阪都構想」をめぐる動きとなると、知っている人でも「橋下知事が執念を燃やしているあれでしょ?」くらいの認識でして、けっきょく大阪はローカルで、東京に次ぐ第二の都市でありながらも、今や一地方都市でしかないということを実感させられます。

本題に入る前に、ちょっと社会科の勉強を。

現在、日本には一九の政令指定都市（政令市と呼ばれています）があります。地方自治法で定められた大都市制度のひとつでございますが、簡単に言えば人口五〇万人以上の市が政令市とされています。大阪では大阪市と堺市の二市が政令市です。

政令市が一般の市町村と異なるところは、都道府県が行うべき事務を独自に扱えるというところです。つまり、市でありながら都道府県とおなじ権限を持っているわけでございます。ということは、本来なら都道府県でやるべきことを政令市も独自で行えることで、そこに二重行政という問題が出てまいります。また、権限から言いましても、政令市の市長は知事とおなじくらいの力を持っているわけでございまして、大阪府の場合ですと府知事と大阪市長、堺市長の三人がリーダーとして君臨しているということになります。簡単な解説ですが、これを頭の中に入れて、先をお読みください。そうすると、大阪府と大阪市の対立の根本がおわかりになられるでしょう。

ここからが本題でございます。橋下知事が地域政党・大阪維新の会までつくり、統一地方選挙に臨まれた理由のひとつにあった「大阪都構想」ですが、ひょっとしたら、なにやら唐突に出てきたお話のように思われているかも知れません。

実は、大阪都構想なるものが最初に浮かび上がったのは、なんと戦後復興期真っ只中の昭和二八年（一九五三年）、府議会における「大阪産業郡建設における決議」の中でだったのです。

最近では、大阪都構想が出てきたのは、横山ノック知事（懐かしい！）の辞任を受け、次の知事になられた太田房江知事時代の平成一三年九月のことでした。

「大阪府としては、新しいタイプの大阪都というべき構想や府市連合など、世界有数の大都市圏である大阪・関西の発展を支えるに足る地方自治システムのあり方について、そこに生活する住民の立場で各構想の得失を含め研究する」

大阪府行財政改革室が作成した行財政計画案の中で述べられていた文言です。そうです、このように過去何度も大阪府や大阪市では、大阪都問題や府市連合が取りざたされていました。

現在の橋下知事に劣らず、当時の太田知事も大阪都構想には並々ならぬ意欲を示されていまして、ごんなことを述べられていました。

「大阪府民八八〇万人口のうち二六二万人が大阪市民で、大阪府と政令指定都市の大阪市（この時はまだ、堺市は政令市ではなかった）の二重行政という弊害はもちろんのこと、西日本全域の力が落ちていく中で二頭立ての馬車というのはいかがなものか。やはり頭はひとつであるべきで、広域的に進めるという意味も含めて、大阪都というものをつくるべ

き と提起している」

　どこかで聞いたような文言ですが、このあたりは橋下知事の考え方とよく似ていて、「そのまんまやないか」というツッコミもできそうです。

　大阪府のこうした動きには、関西財界の意向が強くあったものだと推察できるのですが、二重行政の弊害の根本だと渦中に入れられた大阪市の反応は、これまた現在とおなじで、冷ややかなものでした。

「大阪都構想というものは、大阪府と大阪市が合併することで、（職員の）人員削減や経費節減が図れるであろうという、きわめて素朴な発想に基づいている」

　この時の大阪市長であった故磯村隆文さんは、そう語って大阪都構想を一蹴。さらにこうも言われました。

「府市が合併するということは、それぞれが担っている基礎自治体と広域自治体としての機能のいずれかが失われるということ。その好例が東京都の成立だが、これは戦後、都が直轄していた旧二三区が基礎自治体としての機能を担うことになったため、それぞれの区が公選の首長と議会を持ち、議員数も膨大になった。いま、このような東京都方式への合併は時代に逆行するもの」

そうですね、これは一理あり、です。現実に東京都では、都から独立して市になりたいという区が出現しているのですから。

そして、磯村元市長は行政事務を一元化する〈スーパー政令市構想〉なるものを打ち出されました。

太田前知事vs磯村元市長の府と市の対立、思えばこのころから、いやもっと前からでしょうか、「府市あわせ」と韻を含んだ言葉で表現されるようになったのだと記憶しています。

これがきっかけで、大阪市が二〇〇八年のオリンピック開催地に立候補し、招致活動を続ける上で、期待したほど大阪府の協力が得られず、決してそのことが原因ではないものの、結果、ご存知の通り開催地は北京に決まりましたが、まさに「不幸せ」なことになったわけです。

時は流れ七年が過ぎ、平成一九年一二月、元民放テレビ局アナウンサーの平松邦夫さんが大阪市長選に出馬され、大阪市長に就任されました。後を追うように翌平成二〇年二月には、弁護士でタレント活動もされていた橋下徹さんが大阪府知事に就任され、大阪の新しい顔になられました。ともに民間出身でございます。

橋下知事は就任してまだ間もないころから、大阪阪地方分権改革を唱え、「近い将来、大阪府がなくなってもかまわない」との発言をされていました。このころの知事と市長の関係は極めて良好で、自虐的に大阪的文化とまで言われ、長く続いていた「府市あわせ」はどこへやらで、民間出身の首長同士による「府市協調」という言葉が出ていたのでした。

平成二一年春、大阪市隣接都市協議会主催のシンポジウムでは、橋下知事、平松市長がパネラーとしておなじ演壇に座るということもありました。これはかつてあり得なかった歴史的瞬間でした。

それでもこの時知事は、例によって大阪市の財政改革の問題点を公然と指摘するということをされたりして、平松市長との間に微妙な空気が流れた瞬間もあったのですが、大阪府市長会の会長という立場でパネラーとして参加していた私が、そこは長年にわたる行政経験の成せる業、潤滑油役にならせていただき、導火線につきそうになった火をすぐに消させていただいたというようなこともありました。

また、このシンポジウムでは、私からも府市統合論において浮上した大阪都構想について「根本は二重行政の弊害を排し、効果的・効率的な施策を実施することによって、大都市行政の一体化・統一性の確保ができるというものです」と発言させていただきました。

さらに、調子に乗ったわけではありませんが、こんなこともお話ししました。

「大阪府がなくなってもかまわないと発言されている知事の下ですから、平松市長が大阪都知事になられたら、長年の問題が一気に解決するのではないでしょうか」

まあ、大阪人らしいジョークとしてではありましたが。

この発言に対する知事と市長の反応はと言いますと……まあ、それはそれとして、実際に大阪都になる場合ですが、ものすごく簡単に言いますと、まずは政令市である大阪市と堺市の廃止が必要になります。これには大阪市と堺市両市の議会での決議、大阪府議会での議決が必要です。中でも大阪市の解体、これがいちばん大きな壁で、府議会の議決に加え、憲法九五条の規定に基づいて、住民投票を行わなければなりません。制度上、こうした越えなければならないハードル、壁が幾重にも待ち構えているわけで、その手続き、作業は口で言うほど簡単ではありません。

橋下vs平松、いやいや、大阪府vs大阪市の対立構図は、過去を知っている者からするとデジャヴかと思えます。橋下知事が執念を燃やしている大阪都構想の背景には、大阪市が都道府県レベルの予算と権限を有していることが、かえって大阪府の発展の妨げになっているとの考えがあるのです。

たとえば大阪には「府立」と「市立」の図書館や体育館、大学などがあり、誰が考えても二重、ムダなことをやってきました。加えて港湾や空港、交通整備といった広域にまたがる施策を知事が行う場合、管轄する大阪市の部分においては大阪市長の了解が必要とされます。もちろん知事と市長が心あわせできているなら、施策の実行はそれぞれが議会で承認を得ることで可能になるのですが、実際にはそうは問屋が卸さないのでございます。

こうしたムダを排除し、リーダーはひとりで十分ということから、大阪市、堺市を再編し、人口三〇万人規模の特別区を設置し、公選による区長、区議会を設けるというのが、橋下知事の唱える大阪都構想ですが、実は太田知事時代の大阪都構想そのものですね。

そして、平松市長がお出しになった、政令市の権限を広げ近隣政令市と広域連携を図るという〈大都市圏州構想〉ですが、実はこれまた磯村元市長の〈スーパー政令市構想〉がベースになっているのです。

府市再編、そして大阪都構想、これが知事の言葉として発せられるようになった時を境に、かつて平松市長のことを「一〇〇点満点の市長」とおっしゃっていたのが「政治家としてのビジョンがない」に変わり、おふたりの関係は急速冷凍されてしまったのでした。

客観的に見れば、おなじことをまた繰り返しているようにしか思えないのは当然でございましょう。いや、おなじことの繰り返しで納得しないのが橋下知事なんですね。そして、大阪人は「おもろいなあ」と言いながらも、「あのふたり、仲良うでけへんのかいな」と、そろそろ不仲を危惧しはじめております。

◆**府民・市民の三点チェック**

一、先人たちの喧嘩を引き継ぐ抗争は終結させるべき
二、解体なのか府市あわせから府市統合なのか
三、広域行政は府民のために考えるべき

知事が開けた大都市問題のパンドラの箱

見てはいけない、言ってはいけない、聞いてはいけない……、ご存知の三猿でございます。ところが、「いけない」と言われるとついついやってしまいたくなるのが人間でございまして、結果、騒動になるのでございます。

江戸時代、この国には約三〇〇の藩がありました。もちろん藩によって貧富の差がありましたが、富める藩は豊かに、貧しいところは貧しいなりに、それぞれ自立・自活してきたのでございます。

江戸時代は現在のように情報が共有される時代ではありませんから、藩ごとの格差を住民が実感することはあまりなかったのでしょう。しかし、現代は日本だけでなく、世界中の情報が瞬時に入ってきます。当然ながら他との比較が容易にできてしまいます。すると、「あっちはあんなに住民に手厚いのに、ここはなってない」と納税者の不満が募ります。

大阪の人間からすれば、どうしても東京都が羨ましく映ります。なぜ東京都の二三区だけ中学校を卒業するまで子どもの医療費が無料なのか。ある区などは住民税があまりに多すぎて、なにに使えばいいのかわからないとも言いますし、将来は区民税を無料にするというような話にもなっている。それに比べ大阪はと言いますと、四世帯に一世帯が年収二〇〇万円未満という貧困都市になっていますから、「なんでやねん！」は当然でございましょう。

東京都をここまで肥大化させてしまった今になって、新たな自治制度をつくるのは困難です。しかし、私は日本の地方自治を考える上で、東京都の問題点は避けて通れないと思っています。関西の、あるいは大阪の代議士先生方にも「東京都問題は東京以外の地方から声を上げなければならない」と言うのですが、ほとんどの場合、笑って済ませられてしまいます。みなさん、もう諦めておられるのでしょうか。

神奈川県には政令指定都市（地方自治法上、人口五〇万人以上の市）が横浜市と川崎市と相模原市の三つ、大阪府には大阪市と堺市のふたつ存在していますが、東京二十三区には本来なら政令市になってもいい基礎自治体が、大田区、世田谷区、杉並区、板橋区、練馬区、足立区、江戸川区、それに八王子市の八つもあります。

なぜ東京だけが特別になってしまったのでしょう。

またまた小難しい話になりますが、東京都は昭和一八年に特別区制度ができたことから東京「府」から東京「都」になりました。その後の昭和二二年、地方自治法ができた時に、東京はそのまま東京府あるいは東京「県」になるべきだったのですが、国は東京都制というものを容認したまま、新しい地方自治制度を構築してしまいました。そのせいで地方自治法上の特例として東京都が存在することになったのです。

まちの規模や行政基盤から、目黒市、港市、千代田市でなければならないところ、都内二三のまちは市ではなく区のままで、課税権は都が握っています。固定資産税などの市町村が徴収するべき地方税も都が一括して事務処理を行っているのです。

私は橋下知事にも「都制のあり方がおかしい。もう少し東京都のあり方について仕掛けてほしい」と言っていました。橋下知事はいい意味で恐いもの知らずですから、しかも発信力がおありですから、彼ならできるはずなのです。また、知事のキャラクターから言っても、仕掛けなければなりません。私たち地方のローカル首長が突っ込めないところでも、ヤンチャな知事なら突っ込めるのです。ただし、大将ひとりが突っ込んでも、相手が巨大ですから突破は簡単ではありません。そのためには、知事を中心にした軍団が必要です。

そこで、仮に大阪府下の首長で組織した「大阪新党」なるものをつくって、大阪という塊としてぶつかっていっていただければいいと考えました。

ところが、実際には大阪がひと塊になっても、東京には太刀打ちできません。東京都はそれほど巨大なのです。そこで、大阪単独ではなく、関西の府県をまとめてしまうことが方法論のひとつになってきます。つまり、「関西州」という考え方です。関西州なら東京都とも対等に勝負できるはずですから。

橋下知事にしても、知事就任後しばらくは道州制論議の中で関西州を、との発言をされていました。ところが、いつのころから知事の構想は、東京都に立ち向かうのではなく、大阪を東京都とおなじようにする「大阪都」にシフトされました。しかも、大阪都のモデルはそのまんま東京都ということで、大阪市を解体し新たに特別区（自治区）を設け、区長と区議会議員を選挙で選出する区長公選制を導入するということです。

私は橋下知事誕生の前からずっと、「都道府県かさぶた論」を唱えてきました。つまり、今のままの大阪府はいらないと。これまでの大阪府は、国の代弁者でしかなかったからです。基礎自治体の長としてみれば、府は国に対する市町村の代弁者でなければ、必要性をまったく感じません。市町村が国の制度にどれだけ苦悩しているか、解決のために府から国へ主張すべきなのですが、府は「そんなことは無理です。制度がこうなっていますから」と、まったく取り合ってこなかったのです。

市町村の上に鎮座まします府は、伝言ゲームよろしく国の台詞をそのまま市町村に言うだけですから、私たち市町村の首長にすれば「それならもう大阪府には頼まない。自分たちが直接国と話をする」ということになります。実際に国と直接話をすれば、国は大阪府のように杓子定規ではなく、各省庁の課長補佐クラスのキャリアは柔軟に対応してくれます。少々言い過ぎかもしれませんが、大阪府は最初から市町村の意向を国に伝える気などなかったということだったのです。

こうした事例を大阪以外の市町村の首長に話をすると、どうにも問題は大阪府だけでないことがわかってきます。他の多くの府県においても、総じておなじです。

府県が不要なら、先の総選挙前に民主党が掲げていた、国と三〇〇の地方自治体で構成する二層制（後に道州を間に加えた三層制に変更）が理想のカタチなのかといえば、これまた決してそうではありません。やはり広域的に地方の問題を所轄するところは必要になってくるのです。極端に言えば、都道府県の役割を三分の一程度に縮小したところで、都道府県広域連合としての「州」の必要性が生まれてくると実感しております。

大阪都構想を唱えながら、橋下知事は平成二二年一二月一日、大阪府、兵庫県、滋賀県、京都府、和歌山県、鳥取県、徳島県の二府五県で「関西広域連合」の設立に参画されました。ここに、総務大臣の許可を得て、我が国で初めての府県連携による広域連合が発足したのです。

関西広域連合は当初、防災、観光・文化振興、産業振興、医療、環境保全、資格試験・免許、職員研修の七分野からスタートし、将来的には港湾の一体的管理、国道・河川の一体的計画・整備・管理等を目指し、国の出先機関の受け皿として、国からの事務、権限の移譲を実現させるとしています。まさにこれは関西州の下地になり得るものです。

しかし、こうした形で都道府県広域連合が実現していけば、すべてがバラ色になるかと言えば、そこには危惧も生まれてきます。

国の掛け声の下で進められた「平成の大合併」による問題点としても浮かんできているのですが、広域化することで、地方自治でもっとも重要な「近接性」の原理が削がれてしまうことがあるのです。つまり、住民に近いところでの行政・自治に限界が生まれ、細かな住民サービスが行き届かなくなるということです。よって、「道州制には反対」だと言うのが、現状での全国町村会の主張で、全国市長会は道州制の論議は行っているものの、賛成とも反対とも明言していないのが実情なのです。

いずれにしても、少しずつ変化というのか変質というのか、大阪府の不要論から大阪市の解体による府市統合、大阪都構想、関西広域連合と話は変遷を遂げていますが、いずれにせよ橋下知事は大都市問題というパンドラの箱を開けられたのです。

いや、今のところパンドラの箱であるように見えているのですが、私としては浦島太郎の玉手箱、ということにならないことだけは祈るばかりです。

◆府民・市民の三点チェック

一、東京都をまねた大阪都でいいのか

二、市町村合併で起こっている近接性の原理に弊害が起こっている事実を検証すること

三、地域ですべきこと、広域ですべきことの明確な振り分けができているのか

知事の頭の中にある複数正答

　橋下知事の大阪都構想、というよりも、大阪市を基礎自治体だとは思わないと語られることについて、私はその通りだと思っています。ただ、大阪市、あるいは首都圏でいえば横浜市といった大都市問題をどのように解決するのかなのですが、だから「大阪都」というような話になってまいりますと、少々ややこしくなってしまいます。

　知事もおっしゃっているのですが、大阪都のイメージは東京都でございます。ところが東京都は東京都で、千代田区、世田谷区などが市になりたいと言い出していることなどを含め、都制度に問題がないわけではありません。

　そうすると、東京都をモデルにする大阪都ではないONE大阪とは、いったいどんな形なのか？　どうつくるべきなのか？　ということになってくるのでございます。大都市制度を語る上での大きな課題ですね。ただ、いずれにしてもなにがしかのところで、現状の大阪府と大阪市のあり方は変えなければなりません。あるいは堺市も含めてですが、そのきっかけをつくったという一点を取っても、やはり知事の先見性は大したものです。

たとえば地下鉄。橋下知事もおっしゃっていますが、大阪の地下鉄は大阪市営で、いつまでも大阪市が持っているがために、路線が放射線状に延びないという欠陥があります。そこで、大阪市が大阪府に地下鉄を譲る。ただし、これまでにかかった大阪市の地下鉄運営に要したコストを、分割でもかまわないので府から大阪市に支払わなければなりません。それは可能なはずです。そうすれば知事の思うように私鉄やＪＲの相互乗り入れを可能にすることができるでしょう。

また大阪市や堺市を分市していき、政令市をなくす。そうなれば確かにＯＮＥ大阪になります。ただ、これだと他の政令市を持たない県とおなじ形になってしまうだけですね。でも、政令市のない自治体の集合した大阪府の姿と、知事の描く大阪都との間に明確な違いはあるのでしょうか。そして、次のステップとして、関西広域連合が本格的に機能し、道州制に近づいて、都道府県の機能を極力なくしてしまう。つまり、大阪府が自然消滅する。

こうしたひとつ別の考えは、橋下知事の考えとどう違っているのでしょう。政令市がなくなり、地下鉄を府が握り、行政の権限が大阪府に一元化されるわけですし、いずれ大阪府に集中する権限の内、一部は基礎自治体に権限移譲し、他は広域連合や州に上げていく。

これも大阪都、ONE大阪ではないですかとお尋ねすれば、おそらく知事は「違わないですね」とお答えになるのではないでしょうか。ただ、聞こえのいいフレーズとして「大阪市を解体して、大阪都をつくる！」と叫ばれ、そこに疑問を呈した大阪市長を、かつての小泉さんよろしく「抵抗勢力」、「考えが古い」と一刀両断、悪役であるかのようにして、対決の構図を生み出されます。それも時にマスコミを媒介にし、またtwitterで「つぶやく」とはいいながら、攻撃されるのでございます。

本来、大阪人は丁々発止のしゃべくりでコミュニケーションを取ってまいりました。顔をつき合わせて、ああでもない、こうでもないとやってきたのです。ところが知事は、詳しく説明したり、説得したりというのがまどろっこしいのでございますね。相手にはおかまいなしで、突っ込んでいかれるのです。

橋下知事の長所でもあり、ある意味では短所でもあるのですが、また、いわゆる理科系ではなく文科系の人間のなせる業なのか、常に答えはひとつではないのです。どのように転んでもいいように、三つくらい、いつも答えを持っておられるのでございます。

だから、知事のプランには工程表がないと批判されることが多いのですが、知事にしてみれば答えはいくつかあるので、あえて工程表は必要ではなく、むしろ工程表に縛られず、まずは前に前に進む方がいいわけです。とにかく先に進めば、必要なことは後からついてくるというスタイルなのです。実は私もそれに近い発想で今日まで実践してまいりましたのでよくわかるのですが、このあたりを是としない、あるいは理解できないと、「知事にはついていけない」となってしまうわけですね。

また、知事がじっくり腰を落ち着けて、一つひとつの問題に取り組まれ、その都度丁寧にご説明されていたなら、おそらく教育改革も財政改革も現状のように進んではおられなかったことでしょう。とにかく知事の投げられるボールのスピードたるや、生半可なキャッチャーでは捕れません。その上、時には暴投もありますし……。

こんな例えをするとどこかからお叱りを受けるでしょうが、これまでの大阪府は立派な甲子園球場で草野球をやっていたのですが、そこにいきなり交代したピッチャーがメジャーリーガー級のボールを、しかもすべてストレートで投げ込んできたようなものです。ただ、老婆心で言わせていただくと、速球を見せながら、カーブやチェンジアップも投げていただきたい。それが対話であり、説明であると思うのです。

橋下知事のようなタイプの政治家は、これからの地方、あるいは国に不可欠だと思っています。とくに期待を持って誕生した民主党政権、審判もいない、まるでスピード感のないエラー続出の泥試合を繰り広げ、挙句の果ては大連立で消費税アップなどを言い出す中央政府にこそ、剛腕橋下徹が必要ですね。

◆府民・市民の三点チェック

一、大阪市と堺市を解体し、自治体の集合した大阪府と大阪都はどう違うのか
二、スピード重視の改革には工程表が不要だが、答えはひとつではない
三、時に暴投も許すゆとりを持つことが必要

大阪府知事は大阪の大統領ではなかった

末は博士か大臣か。優秀な子どもはそのように将来を期待されておりました。今は昔のことでございます。博士はいいとしても、今の時代、優秀な子どもに大臣になってほしいと望む親御さんはおられるのでしょうか。そこへいきますと、アメリカ合衆国では末は大統領ということが、今もしっかりあるやに聞きます。大統領はまさに一国の最高権力者でございます。ちなみに、「よっ、大統領！」という掛け声はあっても「よっ、総理大臣！」はございませんね。

さてさて、知事就任早々の橋下知事は「大阪府がなくなってもかまわない」ということをおっしゃっておられたのでございます。それが、なぜ大阪市の解体、大阪都、ONE大阪になったのでしょう。

文言だけ見ればニュアンスは異なりますが、実は知事にとって中身はおなじことで、なにひとつ変わってはいないのです。

では、そもそもなぜ大阪市を解体して大阪都を目指されるのか。それも半ば執念さえ感じられるほどに……。

知事は「それはありませんよ。そんなレベルの低い発想とちゃいます。わかってへんな」とおっしゃることでしょう。それでも、あえて橋下的な言葉で言わせていただくなら、「自分が大阪の大統領でないと気づいた」からではございませんか？

もちろん二重行政にかかわる無駄など、府の中に巨大な大阪市なる政令市があることでの矛盾を解消する、というところが基本ではあるのですが、大阪府知事は絶対的な大阪の大統領にならないといけないのに、言うことを聞かない二六〇万人の人口を有する基礎自治体が目の前に存在していたことを、事あるごとに実感されたのです。そして、そこには別の大統領がいた。これはやっぱりおかしいと。

「おかしい」というのは、橋下知事の私利私欲からではなく、制度論としておかしいというところをご自身で素直に感じ取られてのことです。そして、例によって「おかしい」と思われたら、今後どのようにするかというところは後回しにして「こんなの、誰が考えてもおかしいでしょ」と素直に疑問を投げかけられます。

ただ、知事というお立場ですから、感情論で話しているだけでは許されません。もちろんそこは知事もしっかり理解されておりますから、まずは疑問を呈しながら、一方で具体的なプラン、工程を後からつけていくというやり方を取られます。これが橋下流の極意で、先に裸のまま発信して、後から論理という鎧を身に着けていかれる。だから、時として鎧が違うということを突かれると、さっさとその鎧を脱いで新しい鎧に変えられるのです。

橋下知事は、道州制が大きな国の流れにあり、道州制の中での関西州があるべきだとおっしゃっていたところ、なかなかそうは簡単にいかないというのがおわかりになった。ならば、まずはONE大阪、というところに舳先を切られたという知事の発想の転換は、私には読めるのですね。

部分的に見ていますと、知事の発言や行動はある日、突然というように見えたりするのですが、実はそうではありません。かならずなにがしかの背景、あるいはどなたかのアドバイスがあったりするのです。これに対しても知事は「そんなこと、ないですよ」とおっしゃるかもしれませんが、ご家族、奥さまあたりのご意見や顧問団のアドバイスもあるのでは。クソ教育委員会発言で「オカンに怒られた」と謝られたのも、あながち嘘や洒落ではなかったのかも、です。

さて、素直な疑問からONE大阪、大阪都構想に至った橋下知事に対して、大阪市の平松市長は抗するように、政令指定市の権限を強化し、大阪市が中心となって広域行政を目指すという「大都市圏州構想」を打ち出されました。

この構図は前太田房江知事の時代の大阪都構想に対して、磯村大阪市長（当時）が出された「スーパーシティ構想」と、まったく瓜二つであることは先にも記しましたが、なぜか。それは大阪市役所の中に受け継がれている大阪市側から見た大都市構想が残っているからなのです。大都市圏州構想、スーパーシティ構想、言葉は違えど、簡単に言うなら、これは昔の「東京市」に戻すようなものです。

一方、知事もフレーズ的に「大阪都」と言ってしまうことで、「東京都のコピーのような大阪都、それぞれ区があって、区には区議会議員が存在しますが、それは無駄ではありませんか」というツッコミに対して、「そうではない」と言いたいところなのでございましょう。実はまだまだ大阪都のリアルなスタイルがはっきり見えてこない中で、区長公選制に向かっています。ところが、区長公選―議員の選出―議会の構築という論議までまだ持っていけていません。

橋下知事の攻撃、いやロ激とでも申したほうがいいのかもしれませんが、知事の区長公選制に対して、大阪市は区長の準公選制というものを打ち出したのですが、これは公職選挙法に基づかずに、住民が投票で区長を選ぶという、なんとも摩訶不思議なものです。知事から言わせれば当然のように「まやかし」と見えてしまうのはいたし方ありません。

◆府民・市民の三点チェック

一、一貫して「大阪」をひとつにするという橋下知事

二、橋下手法を見抜いた上で、それでもＯＮＥ大阪は感情論ではできない

三、なくすべきは大阪府なのか、大阪市なのか

客観的に見れば一長一短の大阪府知事と大阪市長

よく十人十色と言われるように、人はそれぞれキャラクターが異なっております。落語で言いますと、物知りのしっかり者と、今で言うところの天然キャラの掛け合い、というのがひとつの基本になっております。

橋下知事と平松市長、おふたりはやっぱりキャラクターが大きく異なっております。さてその違いはどこでしょう。

まったく私の個人的な見解ですが、一番は発言力、表現力の違いだと思っています。そして、橋下知事は「夢と理想を追い求める青年政治家タイプ」、平松市長は「現実を見極め、着実に歩を進める熟年行政マンタイプ」で、知事は政治家に近く、市長は行政マンに近いのではないかと感じています。表現を変えるなら、官僚の言うことを聞かなさ過ぎる知事、官僚の言うことを聞きすぎる市長、というところですね。どちらも一長一短、本来なら首長は政治家であり行政マンであることが求められるのですから。

　橋下知事はある意味全国区ですから、大阪以外の方もイメージが湧くでしょう。そうです、あのまんまでございます。一方、平松市長はと申しますと、大阪の民放アナウンサーのご出身で、大阪、あるいは関西地域の方はご存知でしょうが、それ以外のところの方には、どのような話し方をされるのか、イメージできていないのではないでしょうか。

　メディア戦略に長けた橋下知事は、頻繁にマスコミ、特にテレビに登場されます。定例記者会見はもちろん、インタビューに答えられたり、あるいは大阪ローカルのニュースバラエティ番組などにも積極的に出演され、出演者の質問に答えるという形で、時に洒落を交えながら、時にボケられながら持論を展開され、発信されます。

　平松市長も定例記者会見でお話しになられますし、インタビューにもお答えになられます。しかし、最近ではほとんどが橋下知事の発言を受けた反論のようなスタイルになってしまっていて、これがどうにも分が悪い。しかも、短いフレーズで歯に衣着せぬ言葉で問題提起される知事に対して、元アナウンサーらしいやわらかなお声で、さらに答え方が必要以上に丁寧で、そのためどうしても役人的な物言いに感じられてしまいます。おふたりの仲がよろしかったころは、おふたりが並んでおなじ番組に出演され、時に褒めあいながら、府と市の抱える問題点などをお話しされていたこともあったのですが……。

ところが、橋下知事が大阪都構想を訴えかけはじめたころを境に、平松市長とテレビとの関係がどうもおかしくなったのです。平松市長からすると、番組自体全体的に知事寄り、だと思われたようです。事実、そんな気がしないでもないですね。

それでも、橋下知事（時には大阪維新の会代表として）がテレビで大阪都構想を語り、一方的に大阪市を非難すると、おなじ番組に今度は平松市長が出演して「橋下知事に物申す」というコーナータイトルをつけて（もちろんテレビ局がつけられたのでしょうが）、反論されるということもあったのでした。「マスコミの思う壺」になったというところでしょうか。

こうなると、テレビ番組を通して、相手の主張、文言に対して否定し、非難し合うという場外バトルの様相です。そして、記者会見で府市再編についてのバトルがヒートアップ。ついに橋下知事は「これでやり合っててもしょうがないので」と、平松市長に対して公開討論を申し入れられました。

しかし、これを受けた記者会見で、平松市長は「そもそもそういうもの（府市再編）を討論することに今、意義があるのかどうか、どうも不毛な議論になる恐れを感じる。（橋下知事は）指揮官がひとりになれば物事は解決するとおっしゃっていますので、どうもそれにどう取り繕えばいいのか、悩んでいる」と、討論をやんわり拒否されたのです。

言い方、言葉はともかく、橋下知事は正面から、喧嘩をしようとおっしゃった。当然ですが、この喧嘩は民主主義のルールに則った喧嘩でございます。

ところが、平松市長が拒否されたということで、平松市長はその喧嘩を避けられた、というような見方になってしまったわけですね。このあたりも表現力の違いというのか、大阪府民、大阪市民からしてみると、橋下知事は大阪的で、平松市長はいい意味ではクールなのですが、どこか弱腰に映ってしまうのですね。

実際には二〇一〇年二月にも、府の公館において、約二時間にわたって公開討論が行われたのですが、おふたりの意見が最初から最後まで噛み合うことはほとんどありませんでした。故に平松市長は「不毛な論議になる」と拒否されたのでございますが、やっぱり「逃げた」とのイメージはよくありませんから、双方しっかりと準備をされ、二〇一〇年九月九日、再び公開の場での喧嘩、いや討論、いや平松市長は「討論ではなく意見交換会」という文言にされたことから「意見交換会」になったわけですが、統一地方選挙を約半年先に控えた時期に、それぞれ府の職員、市の職員を従えて、最後となったオープンな場で対峙される場面がセットされました。

意見交換会は記者会見を含め、約二時間行われましたが、多くの感想として「やっぱりあのふたりは噛み合わんな」というところでした。

最初に申し上げましたが、橋下知事は「理想を実現させようとする政治家」で、平松市長は「現状を積み上げて行こうとする行政マン」ですから、考えてみれば噛み合うことなど端からあり得ないわけです。それでも、とりあえず顔をつき合わせて話すことで、共通点や妥協点を見出せる可能性もあり、そこに皆さん期待をしていたのですが……。

その後、統一地方選挙が終わり、大阪維新の会が府議会で過半数、市議会で第一党になったことを受けて、次の討論会、意見交換会はいつ行われるだろうと、府市民もマスコミも少々期待をしていたのですが、今年四月二〇日の定例会見で橋下知事は公開討論について「今はもう、しても意味がない」と語られました。

大阪維新の会の躍進、ご本人の大阪市長選への出馬が現実味を帯びて語られていた中、大阪都構想、大都市制度問題に対して、あるいは平松市長に対しての引導を渡されたのでしょうか。

すっかり犬と猿（どちらが、ということではございません）の関係になってしまっていますが、民間出身の知事と市長、東京一極集中を打破して、東京と大阪の二眼レフ構造の、日本の制度改革を訴えるおふたりのパワーがうまく合体すれば、関西の救世主になるだろうと、思い願っているのは私だけではないでしょう。

大阪市を解体してのONE大阪、旗振り役はひとりのリーダーであるという必要はありません。大阪の大統領になるというのが目的ではなく、関西再生が目的であることを間違ってはいけませんので、そのへんのことを誰かが言わなければなりません。

◆府民・市民の三点チェック

一、メディアの向こう側にある真実を見ること
二、政治で大阪を変えるのか、行政で大阪を変えるのか
三、日本は二眼レフ構造の時代を迎えていると認識せよ

猛暑の中でしたためた「拝啓　平松市長様」書簡の全文

〈残暑お見舞い申し上げます。本当に暑い毎日が続きますがいろいろとご苦労様です。

さて、名古屋では市長と議会のガチンコ勝負が始まろうとしていますが、大阪では知事と市長のガチンコ勝負？　他人の喧嘩は大きいほうが面白いなんて失礼ですよね。

8月6日に同志社の新川先生を座長とする「大阪府自治制度研究会」の先生方が池田市役所にお見えになり市長会会長の私と町村長会会長の中町長の意見を聴いていかれました。池田市役所に来られる前に大阪市役所にも寄っておられますのですでにご承知のことと思います。その際、私からは例によって倉田流の目くらまし作戦、まあまあ突拍子もない考えをぶちまけて先生方を煙に巻いたと思っています。実は手の内お見通しであったかもしれませんが……。

そこで今日はその時の私の話をベースに「今後の大阪市制のあり方」（実は今後の政令

市、大都市のあり方でもあるんですが）について提案させていただきたくキーを叩かせていただいております。

「大阪都」ではなく「大・大阪市」……

まことに勝手な提案ですみません。大阪市の最後の市長になる思いで次の選挙戦を戦われてはいかがでしょうか。命がけで大阪市制改革に取り組むと言う覚悟を示すものです。「机上の空論よりも確実な実行」、橋下知事の持論である議員内閣制といいますか議会内閣制と言うのでしょうか、これをまず大阪市の市政改革として実施してみてはいかがでしょうか。議員にも市政の執行に今まで以上に責任を持っていただくことは大切なことです。そして、執行に責任を持つということはいささかなりとも予算編成の時点からかみ込む必要があります。チェック機関である議会議員が予算編成にかみ込んで冷静中立にチェックできるはずはありません。いや、大阪市ならできるかも……。

河村市長が躍起になっている政令市名古屋での市政改革の最大の抵抗勢力は一方の市民代表である議会であることはご承知のとおりです。同じく政令市大阪市の前代未聞の大改革は市長と議会の二人三脚で実施すると言うのが味噌です。

大阪市は現在24区制、区選出の市会議員は2人〜6人、2人とはいささか少ないですよね。そこで例えば大阪市を16区に一部合区を行い再編整理します。各区の平均人口16万人程度ですかね。各区選出の市会議員数は5人（一部6人）となります。議員の合計は80人〜85人、ほぼ現在の議員数を確保することにより議員のポジションを守ります。問題はこの次です。

この5人（一部6人）の議員の中から区長を選ぶのです。話し合いでもくじ引きでも、公平民主的に議員の互選で選んでいただきます。加えて、他の議員もその区に関する予算編成議論にいささかなりとも参画していただきます（もちろん考え方の一つに他の議員は参画せず区長に任せると言うのもありですが……）。いかがでしょうか。

結果、大阪市では行政職の24人の区長はなくなりおよそ2億5千万円の人件費が浮いてくることになります。もちろん常勤的勤務となる区長には区長手当てが必要になるでしょうが、まあ月額10万円というところでしょうか。議会議員のうち16人は区長という資格で行政に参画するのです。もちろんそれぞれはその当該区のことしか口出しいたしません。

したがってその区の予算に関する議決権については行使できませんが市全体に及ぶものについては議員としての参加が認められます。議会選出の区長を市長が任命し（従って任命を拒むことができるかも？）予算編成や執行に参画していただくというものです。

名古屋市においては市政改革の抵抗勢力となった議会が大阪市においては市政改革推進の一方の旗頭となるというものです。どうでしょうか！　議員を経験した私から見ると、この話に乗ってくる議員は少なくとも3分の2はあると思うのですが……。

そして、新しい制度が完成した後の将来の形としては、このそれぞれの区が基礎自治体として出発をすることもありではないでしょうか。これを「概ね4年でやる（実際にはそんなに簡単ではありません）」というのが市制改革にかける平松市長の覚悟なのです。最終的には、市営地下鉄をはじめとする交通局は望まれれば府に移管、また民間に譲渡も大いに結構です。「知事がそんなに大阪都にしたいんなら、まずは私が大阪市をぶっ潰す、しかも具体的にその手法をしめして」ね（実際には少なくとも8年かかるでしょう）。その間に市議会の皆さんともっとつめた基礎自治体のあり方論を議論できるのはないでしょうか。例えばその基礎自治体の長は住民による公選となるが、議員数は5人とする、などなどです。

以上、はなはだ失礼極まりない提案をさせていただこうと思うに至ったのには二つの理由があります。

一つ目は、最近の所在不明老人問題です。虐待防止も含めてやはり向こう3軒両隣から始まるコミュニティーの規模、基礎自治体の規模はせいぜい10万人との自信が湧いてきたからです。その意味では「大阪市は基礎自治体とは思わない」という知事の考えに賛成です。であるが故に、馬鹿でかい図体の大阪市を16程度の基礎自治体に分解する。19市にも膨れ上がった政令市、大都市問題を放置しておいて30万人400自治体構想や40万人300自治体構想なんて何かおかしいと思ったからです。

であったら、勝手に論文でも発表すればよいのですが、今一つ、おせっかい焼きかもしれませんが目を放せないのが大阪市長と大阪府知事の問題です。「大阪市を基礎自治体とは思えない」、大いに結構、私もそう思いますが「場合によっては市長選立候補も……」はいささか以上に失礼な話ですね。一方、「大阪市解体の大阪都構想」に対する「地域主権確立宣言」は単なる守りにしか見えないのは決して私だけではないように思うのです。受身ではなくて、大阪市側いや平松市長側から打って出ることも必要なのかも……それが勝手な倉田私案です。

私は前回の市長選のときも関さんが「私が大阪市最後の市長……祖父が発展させたその大阪市を私の手で解体することになるかも」そんな思いで、大胆な改革プランを前面に選挙戦を戦うべきと思って眺めていました。結果は守旧派の関候補に対する改革派の平松候補という構図のもとでの平松市長の誕生ではなかったかと見ています。その時点では、大阪市と大阪府市長会会長との距離が遠かったこともあるのでしょうね。私はただ黙って見ていただけですが。今は違います、平松市長も、竹山市長も大阪府市長会の仲間としてまた顧問として非常に近いところにいらっしゃいます。

そんな思いから、はなはだ勝手かつ失礼な提案を書かせていただいたわけです。もちろん議員と区長の兼職禁止の問題など法律上クリアーしなければならない点も多々あるとは思いますが、大阪市をぶっ潰して大阪都を創ることに比べればずっと軽いですよね。ただ私の話は結果としてかき回すだけになるのかもしれませんが、何かのお役に立てば幸いです。

以上、夏の暑さボケの私からの提案とさせていただきます。失礼をお許しください。益々のご活躍を祈ります。

早々

平成二二年八月二四日

倉田　薫〉

平松邦夫　様

二〇一〇年八月二四日、私は平松市長に先の一通の書簡を託しました。内容は区制改革に関する私からの提言でした。

大阪都構想に絡み、大阪市内二四区の区長を公選で選ぶという大阪維新の会の主張に対して、区長を公選で選んだ場合には区議会も必要になり、その分の財政が増加するという観点から反対を表明されてきた平松市長と大阪市。そして今年五月一一日、大阪市は維新の会の区長公選制に対抗するかたちで、区長を住民投票で選び、市長が任命するという「準公選制」の導入を検討するとされました。

この大阪市案に対し、すぐに橋下知事は報道陣を前に「役人の究極のだましの手口」と批判されました。加えて「僕らの主張する公選制は住民が自由に(区長に)立候補できるが、大阪市の準公選制では市長が(区長)を選ぶ。住民の代表でもなんでもない」「今まで『選挙で選ぶのがすべてではない』と言い続けていたのに、準公選制を言い出すなんて、意味が分かっているのか」とも。

確かに、大阪市が出された「区長準公選制」に関しては、私も中途半端だと思えます。しかも、このプランを出すのが遅すぎます。

平松市長は橋下知事に先んじなければならないのです。とにかく前へ、少しでも早く先へという、ある意味でせっかちな知事に対して、後追いするような形で、ツッコミどころが見え見えのプランを出されるのでは、到底太刀打ちできないでしょう。私の書簡を活かしていただければどうだったでしょうか。

日本で一番暑いのは埼玉の熊谷だそうで、それを逆手にとって「日本一暑い熊谷」を売りに「まち興し」をされているようでございます。大阪の夏もそれはそれは暑うございます。気温もさることながら、すぐに沸点に達してヒートアップされる熱い知事がおられますから、それはもう暑いのでございます。私などは、知事のエネルギーが電力になればと思っておるのですが。

◆府民・市民の三点チェック

一、区長公選制と区長準公選制の意味合い、違いを理解せよ
二、区長公選の次にくる、区の統合再編まで見極めよ
三、平松市長は死ぬ気で橋下構想に対抗できるか

坂本龍馬になって「平」場で「橋」渡しを

統一地方選挙後、「一旦、白紙撤回」とされた知事の大阪都構想について、でございます。そもそも大阪府と大阪市、そして堺市も含めたところで二重行政の無駄が出発点でございました。

私は知事のおっしゃるとおり、「人口二六〇万の大阪市は基礎自治体と思えない、思わない」に賛成です。二六〇万では基礎自治体としてあまりにも大きすぎます。

政権与党の民主党がほんまに地域主権というのなら、大都市問題や基礎自治体のあり方を、もう少し限定して考えていただくべきなんですが、これがこれでまたええ加減で頼りなくて、堺市を含め政令市をどんどんつくっていくことは、地域主権の妨げになっていると思っているのでございます。

基礎自治体の規模は、よく言われていますように人口三〇万から四〇万人が限度でしょうし、そうした範囲の中で基礎自治体が構成されていくことこそ、地域主権の方向性ではありませんか。そのような中で、私はほんとうに理想的な基礎自治体の規模は人口一〇万人からせめて一五万人だろうと思っています。ちなみに、百歳以上の高齢者の安否確認が日本中の自治体で問題になりましたのを受けて、池田市では昨年から六五歳以上の高齢者すべての安否確認ができるような、あるいは安否確認を行うような条例を施行させていただきました。これは人口一〇万人の池田市であるからこそ可能になるのでございます。二六〇万人の大阪市でおなじように、ということは、それはもう無理なことは火を見るより明らかでしょう。

たとえば知事の掲げられた大阪都構想が、基礎自治体の規模をも踏まえて出てきたものであれば、これはもう断然私としては大賛成です。「大阪都実現に向けてどんどんやりましょうやないですか」となるところでございます。

しかし、大阪都構想が即、大阪市の解体ということに繋がるのであれば……、「いやいや、そうやないでしょ」と知事はおっしゃるでしょうが、近くで見ておりますと、そうにしか見えませんで、これではあまりにも唐突で、問題がどんどん大きくなってしまいますし、現になっているのでございます。「橋下大阪府知事vs平松大阪市長」の構図は、何十年も続いてきた府市合わせ（不幸せ）の関係をより根深いものにしてしまいましたね。

なんででしょう？　大阪都構想自体はおもしろいのに、なぜに喧嘩を売るようなことになってしまうのでしょう？　橋下知事はそこのところを考えられたことがおありでしょうか。おそらく「ない」、「そんなこと、考えられません。考える必要ないでしょ」、「大阪のことを考えたら大阪市はいりません」でございましょう。なにせ、考えられるよりも先にスイッチを入れてしまい、後はわが道を突き進まれるのが天下の大阪府知事ですから。

まあ、それもええでしょう。ああでもない、こうでもないと考えるよりもまずアクション行動に移すというのは、それがなかなかできない政治家が多い中ですばらしいことだと私は客観的に思っています。しかし、エンジンをかけてすぐに目いっぱいアクセルを踏んではいけません。スピードオーバー事故のもとです。オートマのＦ１カーではなく、クラッチのある普通乗用車に乗っていると思って進んでいただかなければなりません。教習所で習ったように、まずは前後左右の安全を確認し、エンジンを始動させたら、まずはローからスタートして、クラッチを踏んで二速に入れ、と。

橋下知事にも、そろそろちょっと考えていただかないといけません。なんせ、任期ももう三年半を過ぎたのでございますから。怖いもの知らずの新人レーサーには、「勢い」という魅力がありますが、そろそろ急な車線変更や追い越し、スピード違反など危なっかしい運転は控えていただきたいものでございます。

一方、喧嘩を売られた方も売られた方で、これまでの多くの経緯がありますから、買わざるを得なくなって買ってしまうわけです。まあ、わからんではありません。なんぼデキた人間でも、何回もおなじ相手から喧嘩を売られたら、そら腹に据えかねます。そういう面では大人気ないというのか、膝詰めで「頼んます、大阪のために力貸してください。あんたが頼りなんです」と、話し合えばなんとかなりそうなものを、お互い正面で受け止めて、やってしまうんですね。そうさせている何かがあるのかも。

また、それをおもしろがっている輩がいるから大変、大阪人は火に油を注ぎますから。外野から見ている分には、喧嘩はおもしろいもんです。とくに知事はタレント弁護士としてテレビでコメンテーターをされていましたし、市長は元アナウンサーでございますから、喧嘩もさながらテレビ的でございます。実際にマスコミを入れて、府の職員、市の職員を従えて、合戦さながらのバトルを、討論会、いやいや意見交換会という名の下にやられました。ふつうは喧嘩の後、殴り合いをしたもの同士仲良くなるものやないですか。そうなってくれればいいのですが、このおふたり、どうもいけません。

喧嘩を客観的に見れば、これは断然知事が優位に立ってしまわれます。弁護士という職業柄か、喧嘩慣れしているのは橋下知事です。客観報道という立場でおられたアナウンサー出身の平松市長は、まともな文言で対抗されますが、無茶でもなんでも言い切ってしまう知事の暴走には悲しいかな、敵いません。

平成二二年一二月にインターネットで行われた意識調査では橋下知事の支持率が七八％だったのに対し、平松市長の支持率は四三％。平松市長不支持の理由の一番だったのは「リーダーシップがない」というものでした。

なにがリーダーシップなのか、橋下徹的リーダーシップとはなにを意味しているのかです。私が言うのもなんですが、平松市長にリーダーシップがない、ということはありません。ただ、舌鋒鋭い知事を相手にすると、温和で丁寧にお話しになる平松市長の姿は、どうしたって府民には一見弱々しく見えてしまうのでしょう。なんと言っても、相手はマスメディアを栄養源として増強・増殖し続けている橋下知事なのですから。

いずれにしても、大阪のことを考えれば、仲良くならないまでも、右手で殴りあいながらも、左手で握手しているようになってもらわねばなりません。今ならまだ、かろうじてそれができるかもしれません。

私は橋下知事の行動力や大胆な思考、発言力は大いに認めております。おなじように平松市長のことも買っております。さすれば、知事の大久保彦左衛門を自負して止まなかった私ですが、今度は坂本龍馬にならねばならないのかもしれません。橋下知事と平松大阪市長との間に入る調整役、薩長同盟ならぬ橋平連合の橋渡しをしなければいけない時期になったと感じている今日このごろでございます。

さて、この龍馬役、どうなりますことやら。

◆府民・市民の三点チェック

一、二六〇万人の基礎自治体は大きすぎるのは間違いなし

二、リーダーシップの有無は声の大きさで判断しない

三、府民はバトルを楽しんで、選挙戦を「大・大阪祭り」にするべきでない

対談◎平松邦夫（大阪市長）×倉田薫（池田市長）
橋下徹大阪府知事の正しい見方を問う

「坊主憎けりゃ袈裟まで憎い」という諺がございます。反対に「あばたもえくぼ」というものがございます。橋下知事から見た今の平松市長は、残念ながら「坊主憎けりゃ…」というところでしょうか。

橋下徹知事と平松邦夫大阪市長は民間出身の知事と市長で、ともに財政改革を訴えられていたこともあり、長く続いてきた大阪府と大阪市の対立による「府市あわせ」から、「府市協調」路線が期待され、当初は「あばたも…」の関係でした。ところがそれも長く続かず、すっかり対立の関係に陥り、元の「府市あわせ」の間柄に戻ってしまったのでしょうか。

橋下知事は、マスコミ受けがいい。大胆な物言いはテレビ的で、大阪ローカルの番組によく出演され、積極的に地方分権や財政改革、そして大阪市への批判を含めて大阪都構想などの持論を展開されます。中立であるはずのマスコミは、批判された側の意見も聞こうと、平松市長への出演や取材を依頼します。平松市長にしてみても、一方的に批判されることに対しての反論もあるわけで、出演されたり取材に応じられたりされていました。

ところが、テレビにしろ新聞にしろ雑誌にしろ、平松市長へのインタビューや質問のベースにはまず橋下論ありきで、大阪維新の会vs平松市長、大阪都構想vs反大阪都というように、最初に維新の会、大阪都構想があっての話になり、平松市長としてはなかなか自由に、思ったことを最初から最後まで語れていないのが実情のようです。

平松市長のホームページの「ヒラマッちゃんの元気メッセージ」では、あるテレビ番組の取材をお受けになり、放送された内容と取材の内容の違いを、取材時のやり取りの全文を公開されて、暗に番組の姿勢に対して問題提起されています。また、橋下知事に対して「確かにメディア受けするし、ワンフレーズ、キャッチコピー作ること、うまい方ですが」「メディアの食いつき方が間違ってるっていうのが、僕の今の感覚なんですよ」と言われながら、ご自身に対しても「我ながら言葉が長いなぁと反省しました」とも記されています。

私は橋下知事の政治的センスを買っております。平松市長の着実な行政能力も認めております。できることならおふたりの拗《ねじ》れた仲を取り持って、ほんとうの意味でのONE大阪になることを願っているひとりです。そういう立場で、改めてニュートラルに平松市長とお話しをしたく、ここに平松市長にご登場願い、本音を語っていただきました。

メディアがつくったサイレントマジョリティ

平松──倉田市長とは年齢も一緒で、いろいろお話しをしたかったんです。ところが最近は知事と違ってなかなか時間が取れないんです。知事はなんぼでも公務を休んで出ていかれますけど（笑）。

倉田──本書の中で平松市長にお話していただきたいと思ったのは、どうにもマスコミの取り上げ方が、橋下知事ありきからはじまっていると感じたからです。だから、言いたい放題言ってもらおうと……。

平松──よく対決図式、などと言われますけど、僕は自ら好んで対決しにいったことなんかないんですよ。相手が仕掛けてきたので、それに対して守らないといけない部分をきちっと言っているだけ。ところが、不合理であれ、理屈がなくても、「大阪市を潰す」というフレーズがあればいいだけの知事の、そのフレーズを増幅させているのが、放送メディアなんですね。新聞もそうですけど。

倉田——メディアにしても、けっして現状がいいとは思っていないでしょう。なんとかしなければというところですが、難しいですね。

平松——僕もメディアの出身ですから、自分が今メディアの側にいたら、はたしてこの知事をどういう捉え方をするのかなあ、と考えますね。やっぱり今とおなじようになるのかなあ、いや、止められんやろうな、と。

倉田——そういう意味では、知事はメディアの使い方がうまいし、メディアは批判精神を忘れているように感じるところもあるわけですが、それをおもしろがっている府民、市民が多いのもまた事実で、おもしろがるのは大いに結構ですが、表面だけでおもしろさを判断せずに、中身をしっかり見て、おもしろがってほしいものですね。

平松——あえて強い表現で言いますが、知事の、詭弁を弄しても、結果を自分の思ったところへ近づければいいんだという覚悟の根は、すばらしいですよね。ふつう、四〇歳も超えれば、ここでこう言えばこういう反発があるから、その反発を和らげながら、自分の思った方へどう近づけるか、と考えます。ところが、テレビでも記者会見でも、平気で三〇分でも四〇分でも自分の意見をしゃべられる。相手が入って来るのも止めてまで話しますから。すごい、ポピュリストとしてすごいです。

倉田――とにかく思ったことを、躊躇なくまず口に出して言われます。発信力といえば発信力なのですが、これが強烈なばかりに、異を唱えたい人たちが今、サイレントマジョリティになっている。この人たちが選挙で異を示さないことで、大阪維新の会が躍進してしまう。これは問題ですね。

平松――大阪がここまで落ち込んだのは府と市があるからや、というところから大阪都構想がはじまります。そんなん、誰がきめたん？　どういう分析？　と誰も聞かない。そして、コントロールタワーがふたりおる、と。「いやいや、僕は市長で、あんたは知事ですやん」と言ってもあかん。こうして理屈ではなく、勢いでまず言ってしまう。それを何度も何度も言うことで、サブリミナル効果のように人々の中に植え付けていく、と僕は見ているのですが、えらい人が、僕が市長の時に知事でおるな、というのが正直なところです。

日本の政治は公務員を信じない独裁者を求めているのか？

倉田―中央政府が頼りないから、大阪のリーダーが目立つ。原発問題でも、節電に関しても、国民、府民、市民の関心事を嗅ぎ取って、マスコミを引きつける。これはすごいことだと思っていますが、今や数の力まで持たれましたからね。ポピュリズムへの懸念が持たれます。

平松―今政治に求められているのは目立つことではなくて、特に東日本大震災を受けて、一人ひとりの暮らしや命、コミュニティはどうあるべきかといったところを、大都市は大都市なりに、中都市は中都市なりに、ちっちゃな村は村なりに、それぞれが生き残りを懸けた「戦い」ではなく、「協力協調していく」ということなんです。

倉田―もちろんです。特に首長は、身近にいる府民や市民の小さな不安や不満を解消することが第一の使命ですから。そういう意味では、大阪も府市協調が理想なのですが……。

平松―「これ一緒にやりませんか！」と言ってくれれば、やれるものはいくらでもあるのに……と、一年くらいは思っていました（笑）。

倉田―WTCビル購入の時には、「これが関西州の州都や」と張り切っていたのにね。

平松――よく買ってくれましたけどね（笑）。ところが、橋下さんが大阪維新の会の党首になって、統一地方選挙に向けた街頭演説などでは、首長の仕事や役人の苦労などを否定するところからはじめられます。それも子どもの教育上よくない言葉を、平気でお使いになられる。大阪市の職員は「シロアリ」にもなぞらえられましたし、「よう我慢してるな」と言われます、僕は。団塊の世代ですから、揉まれ慣れてます。ただ、彼にはもう教育のことを語ってほしくないです。「子どもたちが笑えるまち」じゃなく、「子どもたちに笑われるまち」になってますよ。

倉田――だからといって、平松市長が正面から喧嘩を仕掛けるわけにもいきませんからね。

平松――僕はそういう任じゃないですから。僕がそれをやっても似合わないのを、わかってますから。でも、考えてみると、府市協調がなくなったターニングポイントは、水道事業でした。あれまでは府市協調やった。倉田市長が大阪府市長会の会長として調整されたおかげで……（笑）。

倉田――大阪市の職員をシロアリに喩えられたなんかは一例で、とにかく知事は職員、公務員に対するなにがしかの不信をずっとお持ちですよね。

平松――事あるごとに公務員バッシングをされます。

倉田──知事も公務員の片隅に身を置いているはずなのに……。

平松──いや、ご自身は公務員やと思ってないですよ。

倉田──だから一般大衆側に軸足を置いて、職員に対しては税金で飯を食って守られているのはけしからん、となる。

平松──まず、人を信じられない。それが根本におありになるような気がします。話がそれるかもしれませんが、特にこうした大震災の後ですから、人を信じたり手を取り合ったり、助け合ったり、寄り添いながら、みんなで生きていこうということが求められているのに、「今日本の政治はそれを求めていない、独裁者を求めている」（六月二九日に開かれた政治資金パーティーでの発言）と言い切ってしまう。

倉田──独裁者というのも、お得意の「つかみ」ですね。

平松──これも計算づくですよ。大阪維新の会が府議会で君が代起立条例、定数削減条例を強行採決で通したことで、かならずどこかから「独裁者」という声が上がってくる。上がってくる前に自分から言う。で、上がってきた時には「自分から言ってるでしょ」というくらいの深読みができている。

てこない。

政治家はだれのために仕事をするのか

倉田―独裁者発言でも言えるでしょうが、知事の行動の裏に残念なことに府民の姿が見えてこない。

平松―僕も知事との意見交換会でもおなじことを言うてます。府民の姿が見えてこないと。倉田市長は市長会の会長として、時に仲裁役として、時に煽《あお》り役としてやってこられましたが、今はもう知事となにか一緒に、というのは無理になりました。あの独裁発言で喫水線を越えました。

倉田―確かに、府議会においては、数で完全に掌握してしまいましたから。そういう意味では、知事は大阪府をひとつのスペースメディアとしか考えていない、としか見えなくなります。そこで自分をいかに表現しようかと考えておられるのかもしれません。

平松―知事は天性のパフォーマーです。しかし、そこに、人の命、暮らしというものを守っていく覚悟がおありなのか。そこが見えない。どうにも、僕はそこに怖さを感じてしまいますね。

倉田―橋下知事は「僕はこれまで一所懸命やってきた、それなのに大阪市は、平松さんは……」ということをおっしゃる。

平松―それでは、具体的に（知事は）なにをやってきたんですか？　具体的にあなたは府民のためになにをやってこられたのですか？　児童文学館を削り、センチュリー交響楽団をおっぽり出し、人形浄瑠璃文楽の補助金を削りと、切りやすいところから切っていくという手法で様々な文化行政から山ほど切り、小児医療の補助金たるや、日本の都道府県で最低ランクの補助しか出さず、赤字の原因を突き止めもせず、なぜ減債基金を取り崩したのかも究明せず……単年度の決算だけで黒字になったのは自分が頑張ったと胸を張る松井一郎（府議）氏と並んで、なぜ胸を張れるんですか？　大阪の評判を落としただけじゃないですか、というのが僕の剥いた気持ちです。

倉田―そういう部分が、なかなか表で語られていませんね。だから府民にも実情を知らない人が多い。

平松―僕は正直、ようわからんです。僕の年代からしてみると、ほんまにわからん。この人、なんのために知事にならはったのか。しかも、東京都は市か都かなにかわからん中で、大阪府は日本の都道府県広域行政体の中で、ナンバー1のところなんですよ、経済規模や財政規模で言うても。そのトップになっていながら、しかも四〇代というあの若さでなっているのに、誰のためになにをしたい、というのが見えないのは、悲しいことですよ。

倉田——大阪府民のためになにをしたいのか、というところが見えないにも関わらず、府民のために頑張ってくれていると錯覚している府民が多い。このミスマッチがずっと続いている。だから、我々が冷静に判断して、そろそろ言うべきことを言わないといけないんですね。

平松——（知事は）瞬間湯沸かし器的なところがありますから、なにか気に入らないこと言われたらすぐに反応されます。僕らは一旦呑んでから計算して、市民のためには自分を置いてもこう言うべき、というところです。ところが誰のためになるかはさて置き、パーンと言ってしまう。メディアにおられたからか、サービス精神からか、なにか答えてやろうとして、言わないでいいことまで言われる。一般の人にとってはそれがおもしろい。まあ、今日は私も、言わんでもいいことをいっぱい言ってますが（笑）。

有権者はツッコミの精神も忘れてはあきません

倉田——私はメディアにいた人間ではありませんが、私もここでは言いたいことを言います。このまま秋の陣に突入するのはよくない。仮に、橋下さんが大阪市長になられたら、まずは議会のリコールを訴えられるでしょう。本来は市民のためになにを成すべきかが首長の使命なのに、劇場型テーマばかりを探していく。これは市民にとって不幸なことです。そこで、倉田プランとしては、平松さんは市長選で戦わず、知事選に出られればいい。

平松――僕が知事、ですか？　僕は知事の器ではありません。それに、倉田市長には申し訳ないけど、大阪市というのはすごいまちなんですよ。自治意識が高く、お上なんかどうでもええと言いながら、人々が集まってまちをつくってきた歴史がある。日本の中でもこんなまちはほかにありません。市民といろんな話をしていると、上方落語の「池田の猪買い」やないけど、お節介で、お人好しで、温かい人情というものを、大阪人のDNAとして感じるんです。

倉田――だからこそ、二六〇万人大阪市民のDNAから八八〇万人大阪府民のDNAを感じられればいいじゃないですか。

平松――すばらしいDNAを持って、集まって暮らしている。こうした大阪人たちを、こうした人たちが住んでいるまちを絶対に潰したらいかん、と思うわけです。大阪都構想はそうしたところを潰すだけの話で、いいところだけを取っていこうというものですから。しかも、「市民の暮らしが今よりよくなりますよ」と言って潰しにかかる。これは嘘なんです。

倉田―知事は知事になってみたところ、大阪市という目の上のタンコブがあった。これが邪魔で仕方ない。

平松―ここやりたい、ここやろうと思ったところは、全部大阪市やから。

倉田―なにひとつ好きなようにできない。大阪市という基礎自治体がすべて持っている。

平松―だから、ほんとは、知事はゆったり構えてくれればいいんですよ。ややこしいことか、汗をかかなければならないところは、全部大阪市にやらせてくれればよろしい。

倉田―大阪市にはやれるだけの能力がありますからね。

平松―その代わり、府下四三市町村と一緒になって、圏域全部盛り上げようね、でいいだけの話なんです。

倉田―とにかく、なんでもかんでも自分がやらないと気がすまない知事ですからね。

平松―あるパーティーで話しましたが、知事は大阪市を目の上のタンコブやと思われているけど、目の上の大きな宝石やと思ってくれればいいんですと。大阪府という宝石がいっぱいついた王冠があって、その正面についている大きな宝石が大阪市で、それを一緒に磨きながら、周りの市町村と言う宝石を輝かせる。これくらいの気持ちになってくれればと。

その時にね、これが大阪やなあと思ったのは、「ほんなら、うちは後ろの、このへんのクズ宝石か？」と言うた市長がいたんです。

倉田―そういう洒落のおもしろさ、ツッコミが大阪らしいところなんですが、今はおもしろいということが違う方向に向かっていますからね。

平松―ですから、この秋に誰が選挙に出てこようとも、ぜひ大阪市民のみなさんにはきちっと判断していただきたい。それに、これまでの間、橋下人気に乗じて当選してきた府議会議員、市議会議員がなにをするかも、府民、市民にはしっかり見つめ続けてほしいですね。

倉田―おもしろがるのはいいのですが、大阪にとってはこれまでにない大事な局面を迎えています。選挙という行動に際しては、ボケの精神だけでなく、「今の政治には独裁者が必要」だというところにも、「おいおい」というツッコミの精神を忘れてほしくないですね。

〈対談を終えて〉

相当フラストレーションがお溜りなられていたようです。私と同じ年という安心感もあったのでしょう、平松市長、一気に思いを語ってくださいました。

一方、私としては、あの危なっかしい橋下知事についてもなにかしら気になる部分、期待する部分があるから、難しいんです。なんとかうまく納まらないものかと、心を痛めています。

まずは、橋下知事と平松市長が仲良く手を取りあって、大阪の再生・関西の発展のために頑張っていただくというのがベストの道。次はそれぞれ立場を変えて、平松知事と橋下市長が仲良く府市協調でというのがベターな道だと思うのですが、今となっては叶わぬ願いなのでしょうが……いやいや可能性がゼロでない限り頑張ってみたいものです。

第三章　拝啓　大阪府知事 橋下徹様

三年前の提言をお忘れか？

〈大阪版地方分権制度構築についての意見書〉

一　大阪府市長会は真の分権改革を推進する立場から、大阪版地方分権改革に対して積極的に参画し、提言を行うものである

二　補助金の交付金化については、それが市町村の自由裁量権の拡大に繋がるものであれば、決して協力を惜しむものではない

三　各市町村が議会の承認を得ながら数次に亘って行政改革を先行実施していることを認識していただいた上で大阪府市長会としては、大阪府の財政改革に対して協力を惜しむものではない

四　国に対しても市町村と一丸になって意見を述べるという国と対峙する形で強力なリーダーシップを発揮いただきたい

圧倒的な支持を得て知事になられた橋下知事ですが、改革を唱えながらそれを実行しようという強い姿勢とスピード感、恐れを知らない突破力は、これまでの大阪府知事にはなかったものでした。

知事は大したもので、それはもういろいろなところから批判を受けられましたが、そんなものは馬耳東風で意に介さず、お得意の毒舌で切り返しながら、大阪府の予算から一一〇〇億円の財政削減をやってのけられました。

就任早々いきなり一一〇〇億円の削減でございます。これは平成二一年度の大阪府の当初予算四兆二千億円に対してでございまして、なんと約二・六％ですね。かの民主党が大見得切って行った事業仕分けなる一大政治ショーで、いったいどれだけ削減できたのでしょうか。最初の仕分けでは四四九事業を対象に、派手に「いりません」「必要ない」「意味がない」と仕分け人は国民から拍手喝さいを受けましたが、削減できたのはわずか七〇〇〇億円程度でございます。七〇〇〇億円……庶民には想像もできませんが、八〇数兆円という予算に対してですから、実は〇・一％も削減できなかったわけです。

そこへいきますと、「行政の素人」だからこその怖いもの知らず、とは言いませんが、知事に就任して最初の予算編成で一一〇〇億円の削減は、結果を見ればもうお見事としか言いようがなく、「このお方、侮れないなあ」と正直に感じ、感心いたしました。

同時に、市町村がこの知事とまともに対峙するためには、まずは知事のアクションに負けないスピードが必要だろうと感じたのでございます。

じっとしていたのでは知事のペースに巻き込まれるばかりで、その都度右往左往させられることになってしまうのは目に見えました。ならばこちらから先手を打って、知事を巻き込んでしまえばいいと、私は大阪府市長会全員の合意を得て「大阪版地方分権制度構築についての意見書」を取りまとめたのでございます。

意見書に至ったのは、知事が市町村長の懇談会で財政改革を訴え、お泣きになられる前のこと、知事とお目にかかった折に私が申し上げたメッセージがきっかけでした。

「知事は市町村を相手にするのではなく、中央政府ときっちり対峙すべきです。私たちは知事の応援団なんですから」

大阪府は市町村の意向や要望を国に伝える役割を担うべきはずですが、これまでは「それは無理です」と、端から取り合わず、国の代弁をするばかりでした。そこに言いたいことが言える知事、喧嘩上手の知事が誕生したわけですから、しっかり国に対して大阪府内の市町村の意向をぶつけていただけると期待したわけです。もちろん市町村は知事をしっかり後方支援しなければなりませんし、その覚悟も含めて決めたのでございます。

ところが、あれから早三年。知事は大阪市、堺市との対立を深められておられます。本来知事に対峙していただくべき、また喧嘩していただく相手は国ですよ。

地方自治体が国を相手にするのは、口でいうほど容易ではありません。地方自治体は中央の下に位置しているというヒエラルキーが、暗黙の上に成り立っています。ですから、中央に地方が意見を言うということは、中央からすると「地方の思い上がり」であり、交付金や補助金の支出の際に少しばかりのしっぺ返しを、なんてことがままあったのです。

ずっと中央の顔色を見てきた大阪府ですが、中央の顔色などどこ吹く風の知事が誕生したことで、私たち市町村の首長の期待は大きく膨らみました。この知事と手を携えていけば、新しい大阪をつくっていけるのではないだろうかと。

幻の「新党・大阪」立党宣言はいずこに？

「新党・大阪」立党宣言（案）

「中央から地方へ」「お任せ民主主義から脱却して自分たちのまちは自分たちで」などなど、地方分権が叫ばれて久しい。平成7年に地方分権推進法が、平成18年には地方分権改革推進法が制定されるなど国においても一定の取り組みがなされてきたものの、そのスピードは地方が求めているスピード感とは程遠いものである。

このままでは日本は必ず沈没してしまう、だから国の形を根本的に改める必要がある。なぜ分権が必要なのか、なぜ国の形を変えるべきなのか、どのように変えるのか。住民（国民）への説明責任を果たすと共に、今こそ、知事会、市長会、町村会という枠を超えて首長が結束、団結して中央政府に向かって地方分権の推進を訴え、行動する首長連合が必要である。

我々は前述の目的に沿った全国首長連合の必要性を訴え模索してきたが検討の結果、都道府県単位の首長を構成員とする地域政党の立ち上げとそれぞれの地域政党間の連携が最も分かりやすく且つスピーディーであるという結論に達した。

改革の狼煙はまず大阪から、そんな想いでここに大阪府をその活動範囲とする首長による政策提言集団「新党・大阪」を結成し地方分権改革推進の尖兵となって行動することを誓うものである。

平成21年7月10日

新党・大阪設立準備委員会

（参考）ここにいう新党（政党）とは政治資金規正法上の政党を意味するものではない。法律上はその他の政治団体という位置づけになるが、その団体の名称を「新党・大阪」と称することになる。したがって、代表者を党首と呼ぶのは自由。

新党・大阪が各級選挙の候補者を推薦することは当然ありうる。

首長が政治行動をとることは違法ではないが公私の区別をより明確にすることが求めら

れる。

あれは麻生内閣の支持率が急降下し、衆議院の解散、総選挙がいつになるかと騒がれていた平成二一年六月下旬でした。橋下知事は地方分権を唱える中田宏横浜市長（当時）らと頻繁に会合を重ねておられました。目的は総選挙に際し、地方分権推進を各政党のマニフェストに明記させるということ。そうです、この時期の私たちの政治テーマは「地方分権」だったのです。

これより少し前の六月上旬でした。橋下知事から電話を頂戴したのでございます。

「地方分権を進めるためには、次の総選挙を前に出される各政党のマニフェストにきっちり位置づけていただくことが大切だと思っている。僕は知事会のマニフェスト委員会に入ることになったので、ぜひ全国市長会でも取り組んでほしい。全国市長会には、僕には倉田市長しかパイプがないので……」

もちろん知事は知っておられたのですが、ちょうど少し前に行われた全国市長会の総会で、私は副会長に就任していました。

「知事のお考えに同感です。がんばりましょう」

電話口でそのようにお答えし、すぐに全国市長会の会長である新潟県長岡市の森民夫市長に電話を差し上げ、「全国市長会でもマニフェスト委員会の設置をしてはどうでしょうか」と進言させていただきました。

「この時期に、全国市長会として手をこまねいているわけにはいかんでしょう。関係者と連絡を取り、前向きに動きましょう」

森会長のこのお言葉で、全国市長会も地方分権を主軸にしたマニフェスト委員会設置に向けて動きはじめたのです。

一方、橋下知事はと申しますと、案の定というのか猪突猛進、ますます加速度を上げていかれました。しばらくすると、私にこうおっしゃられたのでございます。

「次期総選挙では各政党のマニフェストを見て、政党支持をする。そこまで踏み込むための首長連合をつくる」

なんとしても地方分権を勝ち取りたいという橋下知事の思いは、池田市長に初当選したころからの私の思いでもあり、十二分に理解はしていました。

「たとえば横浜市長、松山市長をはじめ、せめて二〇人くらいの首長で組織したい。そこで、倉田市長も……」

ようするに首長連合に入れ、とのことだったのですが、目指すところがおなじ地方分権でも、私は、首長が連合をつくって特定の政党を表立って支持する、ということには疑問を持っていました。

「知事、気持ちはわかりますが、あまりウイングを広げずに地元、足元を固めましょうよ。それと、政党支持は難しいですよ。いま、やっと全国市長会でもマニフェスト委員会設置の方向で動いているところなんですから」

つまり、知事から提案された首長連合への参加を、やんわりお断り申し上げたわけでございます。

このころ、まだ府市協調だった時代でして、橋下知事は平松市長にも首長連合への参加を打診されていました。平松市長のホームページ（http://hiramatsu-osaka.com/）の、いわゆるブログですが「ヒラマッちゃんの元気メッセージ」の、二〇〇九（平成二一）年六月二五日の〈知事の「政党支持」発言について〉の中でこのように記されておられます。

〈知事の政治資金パーティにお邪魔したときに、乾杯の発声を依頼され、そのスタンバイで舞台袖にいたときに、東国原知事、中田横浜市長もおられる中、「市長、地方分権のために政党支持をはっきり打ち出しましょうよ」といわれたのが最初でした。

その後橋下知事の発言はどんどん大きくなり、そうしたグループ結成まで動きが加速したという報道の反面、今日夕刊の中田市長発言に見られるように「特定の政党支持に向けた動きではなく、政策提言グループを作るという行動に同意した」という冷静な判断が出てきています。

知事のパーティの際に具体的にどう返事をしたかは忘れましたが、東国原知事に「橋下知事が走り過ぎないようにお願いしますよ」と話したことは覚えていますし、お断りしたという認識です。「この指に止まらない人は敵だ」的な二者択一思考で一元的に判断できるほど地域主権、地方分権論議が深まっているとは思えないことや、大都市のあり方を具体的に言及している方が皆無といっていい状態の中で、基礎自治体の長として行動はできないと思うからです。〉

「お断りしたという認識です」とお書きになっておられるところを見ますと、私同様、平松市長も「やんわり」というところだったようです。

ちなみに私も池田市のホームページ（http://www.city.ikeda.osaka.jp/）上で、「市長とびある記」というタイトルのブログを公開していますが、前述の平松市長がお書きになった翌日の平成二一年六月二六日には、次のような文章を記しています。

〈地方分権をめぐって世の中が熱くなってきていることはご存知のとおりです。今朝も家の前でテレビの取材を受けました。橋下知事が走ればその後ろには倉田市長がいる、少々私の思い上がりでしょうか？　後ろにいる私の役割はサポーターであり、ブレーキ役でもあると思っています。純粋、いちずに突っ走る、その気持ちは尊いのですが立場がありまず。こういうと年寄り的な物言いになりますが、橋下知事に対してわたしは天下のご意見番・大久保彦左衛門を演じなくてはならないものと心得ています。〉

大阪弁で言うところの「いらち」、ひと時もじっとしていられない橋下知事は、大阪府下の市町村長にも首長連合への参加を求めたいと申されたわけですが、「とびある記」に書いたように大久保彦左衛門らしく、一本釣りはだめですよと、忠告と言いますかアドバイスさせていただき、「教育の時のように、大阪府下の市町村長に集まっていただき、そこで知事の考えを述べられる方がいいのでは」と提案させていただきました。

こうして「知事の思いを聞く会」が開催されたのは平成二一年七月一日でした。参加された市町村長は四三市町村中、二四市町村。急なことだったこともあり、さすがに一堂ということにはならなかったのですが、参加率は高かったと思っています。

さて、この場では知事の主張された政党支持に「ついていく」と公言されたのはひとりだけだったのですが、その方も「政党支持はハードルが高すぎるのではないか」と付け加えられました。大半の意見としては「政党支持は別として、橋下知事を中心に、地方分権の推進を訴えていくことには賛成である」ということだったのです。

地方選挙でもそうですが、特に国政選挙では、たったひとつのテーマだけで政党を選ぶべきではないのでございます。地方分権は大きな政治課題のひとつであることは間違いありません。が、社会保障、外交、国防といった国政のテーマもしっかり見極めなければならないのです。

私は、「政党支持を打ち出すのではなく、首長グループを結成して、グループでまとまって政権政党に対して地方分権を訴えるという方向が望ましいのでは」と、違った答えを知事に提案させていただき、会を締めくくらせていただきました。

ひとつの答えに向かって走りはじめておられた知事でございます。おそらく「知事の思い》を聞く会」での回答など眼中になかったのでは、と危惧していた私は、三日後の七月四日、池田市内の中学校の土曜学習を視察された後、松山の中村市長（当時）に会いに行かれるという橋下知事に、「飛行機の中ででもお目通しください」と、一通の書簡を橋下知事に手渡しました。それこそが冒頭の「新党・大阪」立党宣言案だったのでございます。

横浜市や松山市、あるいは宮崎県と行動をともにする前に、知事はまず志をおなじくする大阪府下の首長と心あわせして連携し、行動していただくべきだと考えたのです。

知事は新党・大阪の党首、リーダーになられればよかったのです。そうすれば地方分権というテーマの下で、府下の首長たちと心あわせができ、首長たちはかならず知事と行動をともにしたはずだったのでしょう。

あの日、私が知事にお渡しした「新党・大阪立党宣言（案）」を、果たして橋下知事はお読みになられたのか、それともそのままゴミ箱の中に入ったのでしょうか……。

それでも「大阪維新の会」より「新党・大阪」の党首では？

石の上にも三年という諺《ことわざ》もございますが、知事も任期三年半が過ぎました。「ようここまでもったなあ」というのが正直な感想でございます。それはそうでしょう。知事の就任以来の発言、行動を見ていましたら、「早々に辞めてしまうんとちゃうかな。なんか急ぎ過ぎてる」という危惧を持った場面が、多々ありましたから。

それはさておき、知事には首長連合のあり方についてお話しさせていただいたこともありました。政権交代の起きた衆議院選挙を前にして、いろいろなところで首長連合が取りざたされていたころです。橋下知事も新しいスタイルの首長連合を打ち立てて、新しい政治集団をつくっていこうとされていました。

私はこうした知事の動きに「それは違いますよ」と言わせていただきましたが、さてこれも「そんなこと、ありました？」でしょうか。

「首長連合というなら、橋下知事が連携を取るのは横浜や松山の首長、さらには阿久根市のような首長（すべて当時）ではなく、大阪市を含めた大阪府下四三人の首長です。その首長を党員とするような新党・大阪をつくって、新党・大阪の党首として知事が座る」

そんなこともお伝えさせていただきました。

あれから二年近く経ったいまでも、いや、今からでも、私はこの橋下大阪府知事を党首とした新党・大阪の結成を望んでいます。こちらの方が効果的だと思っています。

首長連合は盛り上がらず、結局次に知事が動かれたのは大阪都構想を掲げての「大阪維新の会」の設立でした。堺市長選で応援候補が勝利し、このまま統一地方選挙に向けて、府議会はもとより大阪市議会でも大阪維新の会が過半数の議席を取って……と鼻息荒く、いざ選挙戦へというところで、東日本大地震が起こりました。

東日本から遠く離れた池田市役所も揺れたのでございますが、関西に被害はありませんでした。それでも私たちも阪神淡路大震災を経験していますから、震源地がわかり、被害状況がわかってくるにつれ、それはもう大変なことになったのはすぐに理解できましたし、なんとか手助けをせねばと知事も真っ先に思われたでしょう。そして、被災者支援に動かれました。

一方、統一地方選挙に向かっては、震災後どんどん元気がなくなられました。仕方ないという言葉は適切ではないかもしれませんが、選挙に向けた運動が思うようにできず、これまでにはないまったく様相の違った選挙になりそうでしたから。橋下知事ご自身の言動にも、そのあたりの苛立ちが感じられた時期もありました。

選挙のやり方、臨み方、あるいは選挙そのものを実施すべきだったのかどうかと、後になっていろいろ思われることもあったでしょうが、結果は受け入れなければなりません。ところが、ところがです。大阪都構想を掲げた知事率いる大阪維新の会は、マスコミや多くの政治評論家の予想をはるかに超えた大躍進で、大阪府議会では過半数、大阪市議会と堺市議会では過半数まではいかなかったものの第一党になりました。

もちろん大阪市議会で過半数を獲得できなかったことで、選挙後すぐにでも大阪都構想に拍車をかけたかったところ、ままならなくなってしまったことは言うまでもありません。大阪維新の会は躍進したものの、知事はいち早く敗北宣言、そして大阪都構想を「白紙に戻す」と明言されました。

しかし、府議会はもとより大阪と堺という政令指定市の市議会でも、知事が代表を務める大阪維新の会が第一党になったわけで、知事の構想が府民、大阪市民に否定されたということではございません。むしろ良識的に肯定されたと理解するのが自然です。なのに早々の敗北宣言と都構想の白紙撤回とは、ほんまに急ぎ過ぎと違いますかね。まあ、これも橋下流の言い回しで、だれも知事が本気で大阪都構想を白紙撤回するとは思っていませんでしたし、府民も半ば慣れたもので、いずれまた、目先を変えてこられるんでしょうと見ていました。

選挙結果の見方はいろいろできますが、私は知事同様、厳しい結果になったと見ました。同時に、まだまだ橋下徹という知事に対する大阪市民、府民の期待は捨てたものではないと感じました。現に選挙後半戦では吹田市長戦に大阪維新の会から擁立した候補者が、現職を破って当選されました。維新の会から初の市長を誕生させたのですから。

敗北宣言や白紙撤回発言、それはそれとして、統一地方選挙を終えたところで私が知事に望むのは、大阪をどうすることが日本のために、大阪のためになるかを練り直した上で、東日本大地震という未曾有の災害、原発事故を受けて、いま一度日本における大阪の役割と立ち位置を明確にし、新しいスタートを切っていただくことでした。

まあ、なかなか知事はこういう話に耳を傾けられないというのか、うるさいオッサンと思われているのか、あるいは身内を信用されないのか、絶対的に自身が先頭に立つという方なのでございますね。

そもそも私は、大阪維新の会が大阪都を実現させるため、新しい自治を生み出すための政治勢力だとは思っていないことを申し上げておきましょう。ほんとうに新しい自治のかたちをつくる、大阪からそのメッセージを発信する地域政党は、やっぱり橋下知事を党首とする、大阪市を含めた四三人の首長を党員とする「新党・大阪」だと思っています。

知事が唱えられている「ONE大阪」と、私が考えている「ONE大阪」は、ちょっと違うのかも知れません。でも、そこは大阪の将来を考えている者同士、思いはおなじ。橋下徹という船長の「ONE大阪」という船に、平松邦夫という大阪市長も含めた四三人が船員として乗り込んで、橋下船長のガバナンスの下、中央政府、東京に舳先を向けて攻めあがっていくのがベストです。

今まさに東京一極集中ではなく、日本二眼レフ構造の一眼として大阪が台頭するためには、大阪の団結力が不可欠です。そのリーダーは間違いなく橋下知事です。橋下知事こそがふさわしいと思っているのです。

統一地方選挙で敗北宣言をされたところですから、いま一度、私が進言した新党・大阪を考えてみられてはいかがでしょうか？

地域政党の横暴は許容範囲内？

政党や政治団体にはそれぞれにイデオロギーがありますが、そこへ行くと昨今の地域政党のイデオロギーはわかりやすいですね。名古屋市の河村市長、愛知県の大村知事の地域政党「減税日本」は、そのまま減税実現を掲げておりまして、大阪維新の会はと申しますと、大阪都構想実現のためにつくられた地域政党でございます。こちらの代表はもちろん橋下徹さん、大阪府知事です。

先の統一地方選挙で、減税日本は苦しい結果になりましたが、大阪維新の会は大阪府議会で過半数、政令市の大阪市議会、堺市議会では目指した過半数に及ばなかったものの、第一党と躍進しました。さらに吹田市では現職を破って、大阪維新の会の候補が市長に当選しました。

常識的に見れば、間違いなく大躍進。が、知事、いや代表の橋下さんは敗北だと発言されました。大阪、堺で過半数が取れなかったということは、たとえ第一党になっても、自公民が結束すれば、採決では否決されてしまいます。事実、大阪市議会では議長こそ公明党の理解を得て維新の会から選出されましたが、選挙後の五月議会で、維新の会が提出した議員定数削減、市長・副市長の退職金減額など四つの条例案は、否決されました。

一方、大阪府議会では、維新の会が提出した、府内の市町村立を含むすべての公立学校の教職員に対し、入学式や卒業式といった行事においての君が代を起立して斉唱すること等を義務づける「君が代条例」が教育常任委員会で審議され、賛成多数によって可決されました。罰則規定はありませんが、橋下知事は「君が代不起立に限らず、公務員の職務命令違反にはどのような処分をするのか、議会で基準をつくる必要がある」と、九月議会には新たな条例案の提出をお考えのようです。

また、六月四日のことでした。維新の会が提案した府議会議員の定数削減条例（一〇九から八八に削減）が、自公民共が欠席する中で、強行採決されました。地域政党をつくり、議会で過半数を得て、数の力で押し通すというのは、かつての自民党政権下で行ってこられたこととおなじ……。いや、自民党政権下でも、ここまで強引ではなかったですよ。

統一地方選挙後に知事は「単独で採決することなどありません」とお話しされていまし

たが。反対側から見ればこれは「橋下流クーデーター」ですね。もちろん選挙という民主的、法律に則った手続きを経たクーデーターなのですが……。

「大阪維新の会」立党のきっかけは、先にも書きました大阪府庁のWTCビルへの移転をめぐっての、議会とのやり取りの顛末があったのではないでしょうか。圧倒的な支持率、人気を誇っている知事にしてみれば「思うようにいかない議会というところは、なんと面倒でややこしいところなのか」とお感じになったのでございましょう。

我々のような極めて常識的な首長は、条例案などの提出に際して、かならず根回しをいたします。もちろん根回しが不必要なケースもあり、その場合はストレートに正面突破を図るのですが、この場合、事前に議会と意思疎通が図れていませんから、時によっては否決、なんてこともあります。だからこそ、通したい、通さねばならない案件ほど、じっくり下準備をして、根回しをして議会に臨むのです。一見面倒な、しかし政治行動として必要な根回しが嫌で、ストレートにやりたい、ということで地域政党をつくられたというなら、これも大阪府民を巻き込んでの根回し大作戦かも知れませんね。ただ、この場合は特定の味方、特定の敵をつくってしまうという大きな問題を抱えることになるのですが。

何度も言いますが、橋下知事の一番の魅力はスピードです。これほど政策実現にスピード感溢れる政治家を、私は見たことも聞いたことも、もちろん会ったこともありません。私などは知事のスピードに負けてはならないと、知事からいつどんな玉が飛んできてもいいよう、知事の考えを読みながら常にミットを構えています。また、先にこちらから玉を投げることもいたします。ところが、大阪府下のすべての首長が私とおなじではありませんし、議会の議員さんも、最終的な着地点は知事とおなじであっても、じっくり腰を据えて取り組みたいと思っている人がいるのもまた事実で、だからこそ知事はスピードを維持しつつも、時にチェンジアップを投げることも必要になるのです。

WTCビルの購入案件は、最終的には過半数の議決を得られました。大阪府議会においては、知事の政策を一〇〇点満点とはしないものの六五点、「優」でも「良」でもなく、なんとか「可」、赤点ギリギリで議会の承認を得られたわけです。

優秀な知事としては、なんでもかんでも「優」でなければならなかったのでしょうし、たとえ赤点の手前であったにしても、もっとすんなりと事が運ばなければならなかったのでしょう。しかし、議会とやり合いながら、まずは目標を達したわけです。本来は自らが代表を務める政党で議会過半数を占めて、条例案を通すということではなく、説明、理解、説得といった姿勢で取り組むことが、議会との関係においては「優」なのです。

進化の真価についての見解

東京都の小笠原諸島が、ユネスコの世界遺産に登録されることになりました。自然遺産として知床以来です。小笠原には固有の生物、独自の進化を遂げた動植物が多く存在していることが、世界遺産登録に際して評価されたそうでございます。

進化で言えば、橋下徹という人間の、政治家としてのすごさは、常に「進化」しているというところです。ただし、進化のスピードが速いが故に、暴走気味になってしまうところがあり、ここはやっぱりブレーキ役が必要になります。私としては老婆心ながら、あるいは知事から言わせれば「お節介」でしょうが、苦言を呈する役目、ブレーキ役を買って出なければならないと、知事就任時から現在まで思い続けています。

最初、就任しばらくのころは施策に対して発信力はお持ちだったものの、実は「あれっ？ひょっとしたら思いつき？」と思われるようなこともありました。おそらく当時は答えを持たれていなかったのではありませんでしょうか。

しかし、「行政の素人」から様々な経験を積まれ、答えはひとつではなく、いくつか持ってもいいと気づかれました。これが政治家・橋下徹さん、最初の進化ですね。

また、統一地方選挙に際して、知事が代表を務めている大阪維新の会が躍進したにも関わらず、「敗北宣言」されました。ご自身の地域政党が府議会で過半数を得て、大阪市議会、堺市議会で第一党の議席を獲得し、さらに吹田市長選まで制したならば、政党の代表として万歳三唱のところです。マスコミも政治評論家も、こぞって「躍進！」と評したところでの敗北宣言です。これも橋下進化のひとつのかたちでしょう。

しかし、大阪のリーダーがひとりではなかったことに関して、これだけはずっとずっと答えはひとつしかなかったのでございまして、だからこそ、その答えに執着するあまり、大阪都構想に向かわれたのでしょう。

もし、平松市長が知事の思いをくみ取り、「この先の四年かけて区長公選を実現しましょう。それから大阪市議会と府議会で承認を得て、場合によっては住民投票が必要になりますが、私も協力して大阪市を解体しましょう。ついては大阪市がなくなると、私は市長職を失うので、橋下さんは国政に行かれて、私が知事になりましょうか？」というくらいの迫力で知事に対峙されればいいのですが。

私が感ずるところ、知事と市長のすれ違いの本質は、政治的イメージの描き方の相違だと思っています。ズバリ言うなら、

◇橋下知事は、地方自治を超えた「地方国家」をイメージしている
◇平松市長は、忠実に「地方自治」を実行しようとしている
◇そして、ついでに私倉田は、「新党・大阪」で中央に対峙する大阪を描いている

おそらく平松市長は、橋下知事とおなじ土俵で地方自治、あるいは大阪府政を見られていない。あくまでも大阪市長としてでしか見ておられないように感じています。もちろんそれで、いやそれが当たり前なんですが。橋下知事は、時には自らが国会議員、あるいは大臣、総理大臣のようなイメージで行政を見られています。つまり大局観です。だからこそ知事は達観できるのでしょう。であるが故に、いつでも知事の職を投げ出せる、その覚悟がおありになるのです。

これについては、地方の首長が国会議員、大臣、総理大臣のような視点で行政を見ても

いいのか、という問題提起もできるわけでございます。また、平松市長が大阪市長として大阪市を見られているというのは、これまた正しい首長の姿でもあるのです。

関西州に対しては、知事は法律家であるがゆえに、その実現には法的な手続きが多く、いろいろな方々の了解も必要になり、そうは簡単に事が進まないことはご存知だったでしょう。この知事、私が思うに、突破できると思われていたことが、思った以上に難解だということになると、あっさり引かれます。そこに、なにがなんでもの道州制論者ではない兵庫県の井戸知事が、関西州に積極的だった橋下知事に対する受け皿として、関西広域連合の結成に動かれたのではと見ています。

一方、大阪都は知事ご自身のテリトリーの中ででき、国の法律改正によって実現可能ですし、教育人事権移譲に際しては法律改正の必要はなく、特例条例をつくれば現行法の解釈の中でできる、という離れわざをやられましたから、おなじように大阪市さえ制圧すれば、国もついてこざるを得ないだろうという見通しを持たれているのでしょう。このあたりも、したたかで、橋下進化の一例だと客観的に見ています。

まだまだお若い橋下知事に対して、私と同い年の平松市長は、育ってきた時代背景があるのか、さすがにそうそう簡単には職を投げ出せません。やりはじめたことは、最後まできっちりやり遂げるという世代ですから。

また、世代的な相違でいうなら、知事は、正確に言えば大阪維新の会代表の橋下徹さんは、twitterという「つぶやき」メディアをお使いになられています。平松市長もtwitterをお使いになられているようですが、私は市のホームページ上に設けた「市長とびある記」なるタイトルのブログ（おそらく日本の首長でいちばん最初にはじめ、いちばん数多く発信していると思います）の、一日一回の更新で精一杯でございます。

ところが知事は、いや大阪維新の会の代表は一四〇文字でのつぶやきを、一日に何度も何度も書き込まれておられます。たとえ一回の書き込みが一四〇文字でも、まるで携帯小説の連載のごとく発信されています。忙しい知事が、いったいいつ、どこで書き込まれているのか不思議でなりませんが、これを使って大阪都構想について語り、いや、つぶやかれ、時に平松市長を挑発されたりするのでございます。

これに対して平松市長は「ヒラマッちゃんの元気メッセージ」の中でこのような書き出しで反論されています。

〈「維新の会　橋下代表」がツイッター上において、「統一地方選までの期間限定」という前提で、おびただしい量の「呟き」を書き続けておられます。また「橋下代表」から、様々な質問の山がツイッターを通じて私に投げかけられています。さらに、それに答えようとしない私に対して多くの批判がツイッター上で浴びせられているのも勿論、知っています。

当初は維新の会の賛同者からの「批判意見」だとして反応しないとしていましたが、ツイッター独特の「140字」の世界として、面白がって乗るような形で多くの方たちも参加されているのではないかと、危惧も感じています。

そういった、危険とも思える風潮を助長させることは私の本意ではありません。そのためにも、改めて私の考えをこの場で述べておこうと思います。

橋下代表から最初に投げかけられた際に最初に呟きましたように、しっかりとした議論を行うには「140字」に限られるツイッターというツールでは不向きであること、そして知事・市長という立場での建設的なお話はさせて頂きたいという、考えに変わりはなく、したがって今後、「橋下代表」の呟きに対しての私の考えは、このブログ上で述べていきたいと思っています。

「140字」に比べてはるかに長い文章になりますが、「橋下代表」のツイートに慣れておられる方であれば、読んで頂けると思い書いていきます。〉

この後、少々長い文章で、しかし論理的に、橋下知事、橋下大阪維新の会代表の手法、大阪都構想のあり方について反論されておられます。

全文は平松市長のホームページ（http://hiramatsu-osaka.com/）でお読みいただくとして、新しい表現手段でもあるtwitterというものをお使いになり、常に意見を語り、時に誰か（新聞などのメディアや大阪府の教職員、そして大阪市長など）に、質問状やはたし状のようなスタイルで喧嘩を仕掛けられます。こうしたことが躊躇なくできてしまうのも、橋下進化のひとつでもあるのでしょうが、この進化のスタイルは、正直、私にはなかなか理解しがたいところであります。

そうこうしているこの六月八日のことでございました。知事はさらなる進化の片鱗をお見せになったのでございます。この日の記者会見で知事は、大阪都構想が実現した場合、府議会の選挙制度を「大選挙区、大阪府単位の一区で決める。大きな方向性（広域行政）を決めていく議員の集まりにするのがベター」と、大選挙区制に言及されたのです。確かに大選挙区制であれば、常に問題になる一票格差もなくなります。

折りしも、府議会の定数を一〇九から八八に削減する条例を成立させたそのすぐ後に、公職選挙法の改正にまで踏み込んでの発言でございます。また、国会でも小選挙区制の歪みが語られはじめているこのタイミング、まさに機を見るに敏。自らが発信源となって流れをつくり、あわよくば法改正まで持っていこうとされる、あるいは国に対しても地方に対しても高所から提言される、まさに橋下流の真髄です。

ここまで筆を進めてきて、改めて感じたことがあります。結局政治家としての橋下徹さんの最終目標は日本国総理大臣（そのころにはひょっとして公選になっているかも）、または独立国家「大阪国」の大統領ではなかろうかということです。

第一ステップで、橋下知事は大阪市長になって、知事の意を汲む方が新しく大阪府知事に就任する。そして次のステップで大阪市においても維新の会が過半数を制し、大阪市の解散を決める。大阪市の解散により、市長を辞した橋下徹さんは次の仕掛け、進化に移るのです。

次の仕掛け、それは大阪国独立運動です。

大阪維新の会代表者である橋下徹さんの訴えに対して、今の日本の政府に対し失望感を抱いている大阪府民はもとより、日本全国から同調する人々が大阪へ、大阪へと集まってきます。その大阪現象に驚いた時の政府は、「事が大きくなる前に」と、大阪国の独立を認めてしまうという筋書きです。

大阪府より人口も面積も小さいシンガポールの成長ぶりを見て感動された橋下知事の描かれた夢と、どこか重なるでしょう。

総理大臣も大阪国の大統領も、実現するのは簡単な道のりではありません。問題はそのことが自分自身のためではなく、そこに暮らす住民のためになるのだということを明確に説明するべきです。政治の基礎基本は「For the People」であることを忘れないでいただきたいものです。

橋下流の奇想天外とも思える発想力と、スピード感のある政治実行力から、橋下総理待望論は、ますます熱く、高くなってくるでしょう。

橋下総理待望論、実はその前に大阪がメジャーになる必要があります。一地方都市の知事ではなくて、東京都に次ぐ大阪府の知事として多くの国民に認識していただくことが急務です。

第四章 私たちが選んだ政治家で国を変える

ガバナンスが利かない政府をつくった国民の「反省」

大阪の人間というのは、なんでもかんでも文句を言います。いや、これはけっしてクレーマーということではないのでございまして、私とて大阪人でございますから、誤解されると困ります。大阪人の文句は立派な「意見」なのでございます。

そんな大阪人も、東日本大震災後、復旧復興に向けての政府の対応、福島原発事故に対する対応を見ていて、怒りや憤りを通り越して、「文句も出てこん」と、ガックリしてしまったという声を方々で聞いております。

地方の、それも人口約一〇万人のまちの市長が、国政レベルのことを語るのはどうかというご意見も出てくるでしょう。しかし、首長の前に私も皆さんとおなじ国民であり、有権者のひとりです。ここは吠える知事を見習って、ちょっと言わせていただくことにいたします。

国民を失望させた現政権は、間違いなく我々国民がつくった政権です。それも、何かしらの見えない期待、ある種の幻想を抱いて投票してしまった結果、生み出した政権です。今になってみんな「えらいもんをつくってしまったな」と自責の念に駆られて、国民が大きな間違いを犯したことに、国民がほんとに気づいたわけで、選挙での投票という行動がいかに大切なものなのか、また、私たちの選んだ政治家によって、国がほんとうに変わってしまうということが、悲しいかなわかってしまいました。

この度の大災害、原発事故という国難においてこそ、強力な政治力が必要なのですが、被災者が耐えているのをいいことに、政府はいつまでも政府としての体を成さず、野党もここぞとばかりに政局にしようとする。そうではないとお叱りをいただきそうですが。いや、政府だけではなく、与党の民主党内からも造反者が出て、野党提出による内閣不信任案ですったもんだするなど、まったく国がひとつにならず、なりそうな機運も見えません。

一方、大震災という有事をきっかけに、国民は国民でなにをしてきたのかと反省することが必要な時期にきたと考えなければなりません。これまで、国政選挙でも三割以上の国民が投票していません。我が池田市では先の統一地方選挙で約五割の市民が投票されていません。それでも国や市は回ってきました。国民は税金さえ払っていれば、政治に期待はしなくとも、とりあえずはなんとかなってきたのです。

ところが、その税金ですらこれまで使い道がきっちり見えていない中で、震災に乗じるようなかたちで増税しよう、などという動きが出てきています。失望してはいても、「それはおかしいんちゃう?」という原点に国民は立ち戻らなければなりません。

大阪では世代交代で地方政治が変わりはじめています。「ヒトラーになるつもりですか?」と記者から突っ込まれるほど強力なリーダーシップを持った知事が、これまでの政治の常識に対して「どう考えてもおかしいでしょ」と疑問を呈し、行財政の制度に風穴を開けてまわっています。大阪の置かれた現状を考えれば、これまでとおなじことを繰り返すことがいかに愚かなことか、彼はわかっているのです。

永田町はいつの時代も「仲良しこよし」でよくて、コップの中の水がこぼれないようにしていれば、コップの中で嵐が起ころうが、これまではどうでもよかった。ただし、割れないコップであることを前提に、でした。

ところが、東日本大震災によって、コップに多くのヒビが入ってしまいました。今、早い段階でヒビを修復しなければ、そこから水が漏れて、やがてちょっとの衝撃で粉々になってしまいます。さて、それでは修復はだれが、どのように行うのか。

現在の国会の中には修復の設計図を描ける政治家が、失礼ながら与野党ともに見当たりません。やっていることと言えば、「復興財源のために議員報酬のいくらかを返上」といった、これまでとおなじ発想しかありません。とりあえずお茶を濁し、ほとぼりが冷めるまでやり過ごそうといった、これもこれまでとおなじ方法を取ろうとします。まったくナンセンスで、国民はもうだれも納得するどころか、ほんのわずかの感動もいたしません。

ここはある意味、橋下知事の政治的発想とおなじでいいのです。彼は実現性を考えるよりも先に大胆な発想を府民に向かって投げかけられ、瞬時に府民の目先を簡単に変えてしまう。そうして閉塞した府民の期待感を醸成し、それを追い風にして実現へ向かいます。だからこそ、彼にはリーダーシップがあると、府民は見るわけです。

大災害を利用して、などというといろいろなところからお叱りを受けるでしょうが、今こそ大阪で橋下知事が行っている改革、池田市が行っている地域分権をモデルに、政界で大きな地殻変動を起こし、失望してしまった国民に、あるいは海外諸国に、日本の将来像を見せなければなりません。そして国民は、国は自分たちのものであるという意識を忘れず、国に対して常に文句を言い続けることです。

東日本大震災で、もはや国会はガバナンスという意味では、これだけの数の国会議員がいてもなにもできなかったことを証明いたしました。国会議員はあんなに必要ないということです。

そこで、国のリーダーであるべき総理大臣は、「国は外交・防衛・社会保障・環境・エネルギー・食料など本来国が国として行うべきことに特化し、他はすべて地方に任せる。そのためにまず、国会議員定数を即刻四分の一削減し、段階を踏みながら最終的には半分にする。これからの日本は地方がつくり、中央は少数精鋭で行く」と、国会議員が自ら腹を切ると宣言をするくらいのことをしなければなりません。

議員定数削減を宣言し、同時に被災地の復旧復興のために権限と財源を被災地自治体に渡し、国は復興を妨げる規制を取り去り、新たな特区制度を設けるなどの法整備と財源の確保に集中する。地方は独自の復興プランを被災者に示し、責任を持って復興に取り組む。それを日本全国広域連合のような、国とは違った地方一丸体制を設けて、全国の自治体が規模や能力に合わせて役割を担いながら復興をバックアップします。

議員数が半分になってスリム化した国会、権限と財源を得た地方、日に日に復興してくる被災地、テーマに即した地方の広域連合……どうですか？ 新しい国の姿が見えてきませんか？

有権者も「責任」を自覚すべし

知識は多い方がよろしいのでございます。しかし、中途半端な知識はいけません。特に知ったかぶりはみっともない。なまじ知っているような顔をしたばかりに、誤解が生まれて騒動に発展するというようなことが、世の中にはままあるのでございます。

平成二二年一一月一八日の参議院予算委員会で、仙谷由人官房長官（当時）は、自衛隊を「暴力装置」と表現しました。

あまり一般には知られていませんが、暴力装置とは社会学者マックス・ウェーバーが警察や軍隊を表現した言葉で、社会学用語として用いられるようになったものです。後にロシアの革命家であるレーニンが、またマルクスがこの言葉を使用したことから、左翼用語としての意味も付加されるようになったものでございます。

仙谷さんを擁護するわけではありませんが、言葉のインパクトだけを捉えれば、確かに

「暴力装置」という音や字面は国民にとってみれば強烈で、「なんちゅうことを言うんや」と思われた人も多かったでしょう。しかし、それが社会学用語であること、そもそも翻訳された言葉であるということを、まず知っておいた上で、この発言の真意を解かなければなりません。

国会内の予算委員会で、官房長官がこの言葉を使ったことは、実は問題の本質ではありません。現に自民党の石破茂政調会長が、国会ではありませんが、別のところで暴力装置という言葉をお使いになられていますが、石破政調会長は意味を理解された上で使われています。問題は、自衛隊が暴力装置であると発言したことを突っ込まれた菅直人総理が不適切な発言だったと言い、仙谷さんが後に「実力組織」と訂正したことです。

彼らはなぜ訂正したのでしょう。一般的ではないにしても、社会学用語を使ったわけです。そして、社会学用語として使ったのであれば、自衛隊を揶揄する表現としてではなく社会学用語であることをしっかり説明すればよかった。ところが、「実力組織と言い換えます。自衛隊のみなさんには謝罪する」と簡単に訂正して、謝罪してしまいました。ということは、これはもう本来の社会学用語の意味ではなく、揶揄表現として使い、自衛隊が危険な組織であるという短絡的な思想が根底にあることを認めてしまったことではありませんか。少々言い過ぎかもしれませんが、そんな思想を持った政治家が、政権の中枢にどっかり座っているということが、大きな問題だと思えてならないのでございます。

　仙谷発言から四ヵ月後の平成二三年三月一一日、東日本でマグニチュード9・0という巨大な地震、そして一五メートルを超える大津波が宮城、岩手、福島を襲う、未曾有の大災害が起こりました。すぐに政府は防衛省に自衛隊の出動を要請、最終的には一〇万六千人の自衛隊員が被災地に派遣されました。

　派遣された自衛隊員は行方不明者の捜索、避難所生活を送る被災者への炊き出し支援など多くの仕事に携わりました。彼らはプロフェッショナルです。自衛隊は日頃から訓練され、こうした場面でプロの仕事ができる数少ないプロ組織ですから、システマチックに与えられた仕事をこなすわけです。また、国家国民のためという強い使命感を持って仕事に当たったのです。もちろん警察や消防も被災地での支援や復旧活動に従事しましたが、このような大災害の現場では、自衛隊員でなければできないこと、ノウハウがあるのです。

　現場で悲惨の状況を目の当たりにしながら活躍した自衛隊員の方々が、自分たちを派遣した政府に「暴力装置」と揶揄されたことに対してどのように感じ、思われたのか。あるいは彼らから炊き出しを受け、簡易浴場を提供され、行方不明者の捜索をしてくれ、瓦礫撤去してもらった被災者の方々は、どのように思われたのか。

憲法解釈まで話を進めなくても、もはや自衛隊が必要であることは紛れもない事実なのですし、「暴力装置」などと揶揄される組織でないことは誰もが理解できるところではないでしょうか。

この度の震災においても当初「想定外」という言葉が使われ、それに対する批判も噴出し、以降「想定外」という言葉はあまり使われなくなりましたが、国民の生命と財産を守るのが国の基本です。だからこそ起こり得るすべて、あるいは起こる可能性のないところにまで及んで、あらゆる想定をしておかなければなりません。

今後もこうした大災害が起こる可能性は否定できませんし、今後のためにマグニチュード9・0の地震が起こっても大丈夫なように、ではなく、実際に阪神淡路大震災を超えた大きな地震に見舞われたわけですから、今度はマグニチュード10・0でも大丈夫なように耐震・防災計画を行う一方、自衛隊も現実にはなかなかあり得ない軍事的脅威を常に想定しながら、災害時対応訓練強化も進めなければならないのです。まあ、言うのは簡単で、現実はそんなに簡単なことではありませんがね。

東日本大震災後、官房副長官に就任された仙谷さんですが、あるいは彼を官房長官、官房副長官に任命した菅総理ですが、はたして自衛隊員、あるいは防衛省との信頼関係が築けているのかどうか、甚だ疑問ですし、客観的に見れば「政治主導」という耳障りのいい言葉で官僚を排してきた政府では、防衛省に限らず、各省庁、官僚との信頼関係などあるはずがないでしょう。それでもなにか事が起これば、自衛隊に協力を要請し、一〇万人以上の自衛隊員を派遣するしかないわけです。しかも、日本では、戦争が起こる可能性は極めて低くても、地震などの天災はいつ起こっても不思議でもなんでもありません。ということは、自衛隊の存在意義がその一点でもあるわけですし、そんなことは国民のだれもが思っていることなのです。なのに「暴力装置」「シビリアンコントロールが利かない」と、平気で言い放ち、すわ災害が起これば出動要請、では大きな矛盾があるとしか言えません。

官僚不信、暴力装置発言に見られるように、現政権は野党癖が抜けないというか、やはりどこまでいっても政権与党ではなく、野党にしかなれないような気がしてなりません。震災後の対応で、「みんなの意見」を聞きたいと学者先生方を集め、なんとか会議をたくさんつくられましたが、それは政権与党としての覚悟がないからではないでしょうか。菅さんにも仙谷さんにも、あるいは他の閣僚にも、国難に際したこの期に及んでまったく覚悟が見えません。そして官僚に政権政党としての信頼を持たれていないから、すべての対応が後手後手に回ることになっているように感じているのは私だけではないでしょう。

政治主導はわからないわけではございませんが、こうした状況の時にこそ官僚に頭を下げても、優秀な官僚に働いてもらえばいいのです。官僚は物事をクールに見ますから、きっちりとした対応ができます。的確に情報を収集し、プライオリティを設け、システマチックに仕事をします。自衛隊と同様、官僚はプロ集団なのです。総理は各省から局長クラスの官僚を集め、「すべての責任は政府が取る。迅速に事にあたるように」と指示すれば、官僚たちもここが出番とばかりに、持てる知恵を発揮するのでございます。

大正一二年の関東大震災の時、もちろん現代とは時代も環境も異なりますが、震災八日前に加藤友三郎総理が急逝した後を受けて内田康哉外相が総理臨時兼任となり、内閣がまだ混乱していました。それでも一カ月後には帝都復興院が設置されるとともに、復興院総裁になった後藤新平内相が帝都復興計画を提案して、復興に向けて一気に進みました。この計画を立案したのは、誰あろう官僚たちだったのです。官僚主導ではなく、優秀な官僚をいかに使うかなのです。

心根で自衛隊を暴力装置と思い、官僚を信じず批判するだけなら、やはり民主党は野党で居続けるべきでしょう。またまた失礼ながら、政権政党としての資格はありません。

地方分権の改革の遅れを「自覚」する

東日本大震災で、日本人の冷静な姿が海外メディアで高く評価されましたが、なぜ未曽有の災害に見舞われても、心の中では恐怖や不安を抱えながらも、被災者も非被災者もみんな、冷静な行動を取れたのでしょう。

個人的な見解ですが、日本と日本人は地震を含めた度重なる自然災害、敗戦を経験してきました。こうしたいくつもの国難を乗り越えてきた、あるいはなんとかなってきたという安心感のようなものが、どこか国民の心の中にあるからではないかと思っています。

ただ、この安心感というものがどこからきているのか、なにものなのか。仮に宗教だということであれば理解しやすいのですが、そうではありませんし、残念ながらこれだと明確に言えるものを見出せません。言うなら「それが日本人なんです」という答え以外に見当たらないのです。

極めてふつうに考えれば、原発事故で全町避難なんてとんでもない指示が出されれば、住民による暴動が起こっても不思議ではないでしょう。先祖代々、あるいは数十年にわたって暮らしてきたところから、ある意味強制的に転出させられるわけです。しかも、どれくらいの期間で戻れるのか、あるいは戻ることができないのかもわからないという、言葉を選ばないで言えば「いい加減な」ものですから。もちろん避難指示を受けた住民の方々は、不安や憤りを声に出されます。が、それでもちゃんと、驚くほど冷静に指示に従われました。

ひょっとしたら、日本人はお上に対してなんらかの信頼感を抱いているのかも知れません。政府に対する絶対的な不信感は持ちながら、お上に対してはどこかで信頼感があると言ったほうがいいのでしょうか。静岡の浜岡原発の停止要請をしたところで支持率は若干上がりましたが、支持率がずっと低い菅内閣に対して、「震災対応が落ち着くまでは現状のままのほうがよいのでは」と、菅降ろしに対しては否定的な意見が多く占めていました。不思議でなりません。支持しない、信じられない総理を、政府を、国民が我慢してそのまま置いておくという発想は、ほとんどの先進国では見られないことでしょう。

本来なら、誰かがなにかをしてくるだろうという「お任せ民主主義」からの脱却、「自分たちのまちは、自分たちの手で」というのが分権改革の思想なのですが、現実ではまだまだ誰かがなにかをしてくれるということを信じているのですね。その「誰か」とは、政府ではなく「お上」というわけなのでしょう。では、政府とお上の違いは……。

特に地方に行けば行くほど、総理大臣を信じられなくても、町長や村長が言うなら、あるいは役場でがんばってくれている職員が言うのなら、というところがあります。しかし、町長や村長は知事、知事は政府が言うのなら、と、中央政府には憤りや不信を抱きながらも、中央政府の意向、決定を住民に伝えているわけです。もちろんそんなことは住民だって百も承知ですが。

ある種のヒエラルキーが構築されているといえばそのとおりでしょう。しかし、住民から信任された村長が、町長が、あるいは市長が、知事が、強いリーダーシップを発揮して、中央政府に向かってしっかり物申し、自分たちのまちは自分たちでつくるということを住民に訴えかければ、地方分権あるいは地域主権を確立できるのではないでしょうか。

首長の兼職、首長が首長職のまま国会議員になれたら、震災後の対応も違ったと先に記しました。一方、返す返す思うのは、もしも地方が望んできたような地方分権改革がすでに実現していたなら、被災者への支援やケア、被災地復興はスムーズに進んでいたはずですし、政府は原発事故対応に集中できていたのでは、というところです。

震災二日後のことでございます。関西広域連合の連合長を務めておられる兵庫県の井戸敏三知事が、二〇〇八年の中国・四川大地震の際に中国政府が法制化して行った、被災地と被災自治体に非被災自治体をあてがい、長期にわたって支援、復興につなげる「ペアリング支援」を導入してはどうかと、提案されました。そして、甚大な被害を受けた岩手、宮城、福島の三県を、関西広域連合加盟府県でカウンターパートをつくって支援することになったのです。関西広域連合に加盟している大阪府の橋下知事は「こうした動きは各府県の単独連携では無理だった。広域連合というひとつの組織だったからこそできた」とのコメントを発しておられました。

確かに広域連合が機能した新しい形として、カウンターパート方式によるペアリング支援に対する評価は高く、注目されました。ただ、本来であれば発災後すぐ、早い段階で全国知事会が動いて、カウンターパートをつくるのが理想だったのではないかと思っています。もっと言えば、政府は見栄えばかりの〇〇会議をいくつも立ち上げるのではなく、こうした有効な支援プログラムをいち早く法制化すべきだったのです。現に関西広域連合のペアリング支援決定後の三月二五日、日本学術会議が「東日本大震災に対応する第一次緊急提言」として、ペアリング支援の法的整備を早急に進め、全国知事会、全国市長会、全国町村会とともに体制を構築すること、と提唱しています。

しかし、カウンターパートが被災地支援のベストな形なのかといえば、なかなかそうも言えないところがあります。受け入れる県、あるいは市町村の問題、もっと言えば県民性のようなものが支援の妨げになるということもあるのです。

大阪などは特異なのでしょうが、大阪府の市長会では副知事を捕まえて正面切って文句をいい、また知事を泣かせたこともありますが、こうしたことは他の県ではまずあり得ないことです。先ほどのヒエラルキーで言うなら、副知事は目上で知事は雲の上、という感じなのです。大阪府市長会は岩手県○○市を積極的に応援しますと言うのですが、当の○○市としてはカウンターパートのこちらを見ずに、時として県のほうを向く、といった場面が見られたりする。

もっともこれが法制化されたところでなら、状況はまったく異なるはずで、だからこそ国の仕組み、地方との役割分担を、しっかり訴えかけなければなりません。この期を逃せば、次なる災害時にまたまたおなじ轍を踏むことになってしまいます。原発事故がすべてを狂わせたという面はあるでしょうが、阪神淡路大震災の経験が活かされたのは、結局ボランティア活動だけだったとなってしまうことなど、けっして許されません。

3・11以降の政治家に与えられる「使命」

一〇月二六日がなんの日かご存知でしょうか。そう、この日は「原子力の日」なのでございます。一九六三年一〇月二六日、茨城県東海村に設立された日本原子力研究所の試験炉において国内初の原子力発電に成功したことから、この日が原子力の日とされたのです。以降、原子力発電所建設が進み、現在では世界第三位の原発所有国になっていること、これまであまり原発に関心のなかった方も、福島原発の事故をきっかけにご存知になったでございましょう。かく申す私も、原発について詳しいとは言えなかったひとりです。

かつて、世界の燃料の主役は「黒いダイヤ」と呼ばれた石炭でした。この石炭が産業革命を生み出したのです。日本でも明治維新以降、国策として八〇〇を超える炭鉱が開鉱し、最盛期には年間六〇〇〇万トンにもおよぶ石炭が産出され、燃料や工業原料として利用されてきました。第二次世界大戦後、中東に大油田が発見されると、燃料効率や価格といった面から、先進国は石油を主力エネルギーとし、日本も一九六〇年を境に主力燃料として石炭から石油へシフトしたのです。そのような背景を受けて「炭坑から観光のまちに」にシフトした自治体があったことはご承知のとおりです。

日本はエネルギー資源を有していません。国内エネルギー総供給のほぼ八割を海外からの輸入に頼っていて、そのうちの約五割を石油に依存しています。しかし、中国やインドといったアジアの諸国の目覚しい経済発展によるエネルギー需要の増加、天然資源であることからの枯渇懸念、産油国の産出制限などから、価格の高騰および将来にわたっての安定供給に不安を抱えていました。

さらに九〇年代に入ると二酸化炭素による地球温暖化、地球環境破壊の問題が叫ばれはじめ、電力の安定供給が可能で、しかもＣＯ２を排出しないエネルギーとして原子力の位置づけは高まりました。二〇一〇年六月に出された菅内閣での「新成長戦略」の中でも、原発の輸出が「国家戦略プロジェクト」に組み込まれています。

また、この年に閣議決定された「エネルギー基本計画」では、二〇二〇年までに新たに九基の、二〇三〇年までには一四基以上の原子力発電所を増設する拡大方針を打ち出しています。これには一九九七年のＣＯＰ３（気候変動枠組条約第三回締約国会議）での京都議定書の批准、鳩山由紀夫前首相が二〇〇九年九月に国連気候変動サミットで、二〇二〇年までにCO2の排出を二五％削減（一九九〇年比）させると約束し、大喝采を受けたという背景があったからでございましょう。

クリーンエネルギーと言ってきた原子力が、この国のエネルギー政策の柱になっていたわけですが、使用済燃料の処分といった問題が完全に解決されないままで、また、スリーマイル島、チェルノブイリの原発事故の事例、さらには世界唯一の原爆による被爆国ということもあり、日本人の中にはどうしても原子力＝危険の図式があり、「原子力アレルギー」がありました。だから原発立地の市町村には、見返りのような意味で原発交付金などが交付されているということなのでしょうか。

市町村にしてみれば、原発施設の固定資産税や所得税が入り、原発関連の雇用も生まれるというメリットもあります。もちろんそれらは「絶対的な安全」が担保されてのものですが。それは、さながら沖縄における米軍基地問題とおなじ構図なのですね。

ところが、福島原発で事故が発生しました。これまでにも原発では小さな事故がいくつかありましたが、福島原発の事故は当初こそ政府や東電、原子力安全・保安院が楽観的な見通しを発表していたものの、日が経つにつれ深刻度を増し、ついにはチェルノブイリと同等のレベル7、事故直後にメルトダウンが起こっていたと公表されました。そして全村避難指示まで出されるという、大事故に至ったのです。

原発事故で政府のエネルギー基本計画は見直しが必至になり、五月六日には菅総理が「東海地震発生の可能性が高い」ということで、中部電力に静岡県の浜岡原発の停止を要請し、同月フランス・ドービルで行われたG8サミット開幕前夜、日本の総電力に占める自然エネルギー比率を二〇二〇年代に二〇%にする方針を表明し、OECD（経済協力開発機構）会合では、「設置可能な一〇〇〇万戸の屋根に、すべて太陽光パネル設置を目指す」と発言し、「自然エネルギーを社会の基幹エネルギーに高めていくことに総力を挙げる」と表明されたのでございます。

しかし、いつものことながら、この発言・表明には閣内をはじめ政府内のコンセンサスも取れておらず、海江田経産大臣も聞いていなかった旨のことをコメントされていました。果たして実現性のあるものなのか、ただの理想なのか、それともリーダーシップの欠如と言われ続けてきた焦りだったのでしょうか。

福島原発の事故は、日本のエネルギー政策の転換に及んだだけではなく、ドイツやスイスは福島での事故後すぐの三月一四日に、それまでに決まっていた原発の新規建設や旧施設の使用延長にストップをかけ、イタリアでは国民投票によって原発再開が凍結されたように、また原発を有している国々で反原発を叫ぶデモが行われたりと、世界のエネルギー政策まで揺るがせました。

ご存知のように、福島原発は首都圏の電力を賄ってきました。当然事故によって発電がストップし、電力供給量が落ちた首都圏では、数日間でしたが計画停電が行われ、鉄道各社は間引き運転を実施し、繁華街からネオンが一部消えました。さらに電力需要がピークを迎える夏に向け、海江田経産大臣は節電を呼びかけ、夏の電力消費量を一五％節電するように企業や一般家庭に要請しました。暗い東京の始まりです。

これに呼応した民間企業からはサマータイム導入の検討や、夏休みにヨーロッパ並みの長期休暇実施、浜岡原発停止を中部電力が受け入れたこともあり、日本自動車工業会は七月から九月の間、電力消費の少ない土日に工場を稼動させ、代わりに木金曜を休日にするといった節電対策を打ち出したのです。

二〇〇一年九月一一日、ニューヨーク・マンハッタンで起こったテロ事件は、その日付から「9・11」と呼ばれ、二〇一一年三月一一日に起こった未曾有の東日本大震災と福島第一原発事故はおなじように「3・11」と呼ばれています。このように記号化してしまうことには個人的に違和感を覚えますが、日本においても、また世界でも、将来3・11以前と以降、という言い方で政治・経済からエネルギー、環境という分野が語られることになるでしょう。3・11はあらゆる価値観が変わることになる日になったことは間違いありません。

震災後、東京都の石原知事は震災を「天罰」と言い、後に不適切な発言だったと謝罪されましたが、あえて非難されることを承知の上で言わせていただくと、私は今回の大震災と原発事故は「自然が我々に鳴らした警鐘」なのだと思っています。また、そのように思ってこれからの新しい国づくりを行うことが、震災でお亡くなりになられた多くの方々、被災された方々に対しての使命だとも思っています。

新しい国のかたちへの提言①

大阪から首相公選制を叫ぶ

東日本大震災と原発事故は、国のかたちを大きく変えるある意味できっかけを与えたのではと捉えているのは、私だけではないでしょう。事実、エネルギー政策の転換を余儀なくされましたし、省エネ、節電を基本に日本人のライフスタイルを見直すといったところにまで波及しています。

こうしたことを受け、国のかたちを変えることが必要とされる、あるいは変えなければならないのなら、上辺だけの変化でお茶を濁すような、これまで繰り返してきたような場当たり的な政策変更ではなく、地方自治法、国会法、さらには憲法の改正というところにまで踏み込まなくてはなりません。

憲法改正というと、どうしても九条や象徴天皇制というところに焦点が向かいますが、なによりも国家の基本法を見直してかかるということが第一優先ではないでしょうか。そのことを、この国難の折に国会議員の誰ひとり発言し、提言されない。不思議でなりません。平時には憲法改正を謳っても、こうした国難に際しては口をつぐんでしまわれるのですね。こんな時にとお叱りをいただくかも知れませんが、こんな時だからこそ、考えるべきことなのです。

ロシアにこんな小噺があると教えていただきました。

ある男が大統領の政策を批判し、大統領は無能だと叫んだということで逮捕されたのでございます。もちろん男は裁判にかけられたのでございますが、下された判決は懲役二〇年。その内訳は大統領侮辱罪で一年、国家の秘密暴露罪で一九年だったのでございます。

欧米では往々にして、政治家はジョークのネタにされるのでございますが、我が国はどうなのでしょう。ジョークのネタにするよりも、どうしても先に直接的な批判が噴出してしまいます。

日本は議院内閣制で、国のトップである首相は直接選挙で選ばれた大統領ではありませんから、強力なリーダーシップを発揮するのは、実は難しいのでございます。

そこで、橋下知事が今年の五月九日、憲法施行記念式で述べられた「首相公選制」が、俄《にわか》にリアリティを帯びてくるわけです。

「国会議員から一国のリーダーを選ぶ権限、人事権を国民の下に取り戻す運動が我が国にもっとも必要な政治運動」

記念式典でそのように語られ、国が機能していないとして「国会議員がリーダーをフリーハンドで選ぶ。だからこそ国民の意思とリーダーの意思が乖離《かいり》する。ここにこそ日本の政治の、最大の欠陥がある」と。さらに「国会議員がフリーハンドで一国のリーダーを決める権限を持っていいのか」と、議院内閣制への疑問も呈されました。

現民主党政権は誰あろう、私たち国民がつくった政権で、政権批判は自己批判ということであり、憤りすら忘れていたところへ、橋下知事は首相を公選で選ぶべきだと言い放ったのです。ひとつの問題提起なのでありますが、真っ暗な気分の中に「もし首相を自分たちで選べたら…」と、一気に有権者の暗くなっていた思考が希望らしきところに振られたわけです。このあたりの手法というか、発信力というのか、さすが橋下知事の真骨頂で、ますます進化していると感じたのでございます。

首相公選制の実施には憲法の改正が必要になります。これに対しては、今年元旦の朝日新聞のインタビューで、「候補者を国会議員に限り、憲法改正でだけ認められている国民投票法を参考に法律化すればいい」と語られています。

まさに橋下徹という人間は、天性の政治センスを持っていると思わせてくれます。また、政治家として確実に進化しています。

国民は自分たちが選択した政党のつくった政権に対して政治不信、失望感をどっぷり味わってしまっている。そこで彼は首相、リーダーを自分たちで選ぶべきだとのメッセージを発するわけです。確かに政党は選挙で選択してしまいましたが、首相、この国のリーダーは自分たちが直接選んだわけではありませんから、憤りがそこへ向かっている中、「首相も直接選挙で選ぼう」と言うことで有権者のシンパシーを高め、期待感を煽ってくれます。だから、彼への支持率は一向に下がらないのでしょう。

私が知るかぎり、首相公選制を最初に説いたのは、中曽根康弘さんでした。なんと、昭和三〇年代のことでございます。その後、平成一三年に小泉純一郎総理（当時）が「首相公選制を考える懇談会」を立ち上げ、一二回にわたる会議が行われました。この会議で出された中に「政党（野党第一党と与党第一党）内での党首選出手続きを国民一般に開かれたものにする案」というものもあったそうですが、これは憲法改正を必要としないもので、各政党の党則を改正することで可能になるというものでした。

中曽根さん、小泉さん、そして橋下さん。首相公選制を叫んだ彼らに共通して見えるのは、良し悪しは別として、強いリーダーシップを発揮した、国民からの期待や支持率の高い政治家であるというところではないでしょうか。

現政権の体たらくを見るにつけ、そして、日本には二大政党制が馴染まないということを、身を持って知ったいま、法改正などのハードルはあるものの、首相公選制論議がこれからどのように高まっていくのか、あるいは橋下知事が語ったように政治運動として盛り上がって行くのか、首相公選制が導入されたとした場合、果たして橋下徹という政治家が首相にふさわしいと見られるのか、注目でございます。

ここでひと言、「政治運動は政治家が生命を賭けて取り組むもの、そのテーマがたくさんありすぎると、生命がいくつあっても足りませんよ」。

新しい国のかたちへの提言②

知事が国会議員を兼職する

先にも述べましたが、震災二ヵ月後の五月九日、憲法記念式典に出席された橋下知事は憲法改正論に踏み込んだ発言をされました。この時の主題は首相公選制だったのですが、震災後の政府の対応、菅総理の言動、行動に失望感を味わっていたところで、それはそれでタイムリーな発言、提言でした。

私は四年前、フランスの欧州評議会に行かせていただいた後から、法改正してまで行うべきだと考えたものがありました。前回の総選挙時に宮崎県の東国原知事（当時）が衆議院選挙に出る、出ないと話題になっていた時、あるいは最近では、名古屋市の河村たかし市長も訴えていますが、それこそが「首長の兼職」問題です。

先の欧州評議会出席後、フランス全国市長会の会長にお目にかかりました。この会長は人口二万六千人の市の市長だったのですが、廃棄物処理の話題について話していると、国家政策にまで踏み込んで語るのです。言葉悪く言えば、たかだか三万人にも満たないまちの市長が、国家レベルの話を堂々とすることに、おなじ市長という立場である私はいささか違和感を覚えていました。

ところが、彼は実は市長でありながら、国会議員でもあったのです。国政の場で国会議員としてもしっかり廃棄物処理問題も提案してきているので、小さなまちの市長でありながらも自信を持って国政を語れたということなのです。

フランスでは国会議員や大臣が首長を兼ねるといったことが多く、サルコジ大統領もパリ郊外の小さなまちの市長と国務大臣を兼務されていました。

なるほど、これはおもしろい制度であると感じました。首長の兼職、たとえば知事が参議院議員も兼ねる、あるいは首長が国会議員を兼ねるということがあってもいい、いや、ひょっとすると日本という国においては、あるべきではないかとずっと思っていたところ、この度の東日本大震災でございます。改めて現職の首長が国会議員と兼職するということが、私の中でよりリアルなものになりました。国会改革の中で参議院の定数を大きく減らし、さらに我々のような市町村の首長、あるいは知事に限定してもいいでしょう、何人かが国政の場にも入る、ということにするべきではないのかと。

㈶日本都市センター主催の「国の形とコミュニティを考える市長の会」で、このような首長の国会議員との兼職の話をさせていただいたところ、会に出席されていた多くの市長に大賛成との声をいただいた中、浜松市長がこう言われました。

「倉田市長の話には大賛成だ。ただし、倉田市長は憲法問題のように考えているようだが、ぼくはそうは思わない。公職選挙法、地方自治法等における、国会議員と首長の兼職禁止規定さえ省けばいい。そうすればすぐにでも実現できる」

私は三権分立という憲法の基本姿勢の中で、国政という立法機関に、知事、市長という行政の長が入っていいのかということについては、やはり憲法の解釈の問題になるような気がしていますが、法律改正だけでよいのなら、それはそれに越したことはありません。

ちなみに、首長の兼職は国会法第三九条でもできないと明記されています。

〈第三九条　議員は、内閣総理大臣その他国務大臣、内閣官房副長官、内閣総理大臣補佐官、副大臣、大臣政務官及び別に法律で定めた場合を除いては、その任期中国または地方公共団体の公務員と兼ねることができない。〉

現行の国会法では、首長は委員や参与にはなれても、国会議員にはなれません。しかし、国会法等を改正し、仮に橋下徹大阪府知事が国会議員でもあったなら、あるいは被災地の宮城や岩手、福島の知事が国会議員であったなら、今回の震災後の対応はまるで変わっていたのではないでしょうか。少なくとも被災者支援、復興など、今よりも多くのことがスピーディーに行われていたはずです。

首長の国会議員兼職には、歳費部分をはじめ、多くの関連条項を改正しなければなりませんが、憲法改正ほどハードルは高くありません。事実、民主党が政権を握った際の平成二一年一〇月、当時の小沢一郎幹事長が政治主導を旗印に、国会での官僚答弁原則禁止を柱とする国会法改正案を提出することを表明されました。平成二三年五月、内閣改正法案と内容が重なるとして、小沢一郎さん肝いりの国会法改正案は撤回となりましたが、現在の国会議員がその気になれば、あるいは与党がよしとすれば、首長の国会議員との兼職を認める法改正案は国会に提出され、審議されるのです。

まあ、夢みたいな話ではありますが、今の日本にはそれくらいのショックを与えないと何も動きませんよね。

地方には優秀な首長がたくさんいます。首長が国会に入ることができれば、これはもう地方分権が一気に加速するでしょう。またそうなれば、橋下知事も大阪市を解体させるために大阪市長選に出る、などという考えもなくなるでしょう。フランスのように大阪府知事でありながら、外務大臣にでもなっていただければ、震災と原発で失墜した日本のイメージを変えていただけるのではないかと思っているのでございます。

また、個人的には橋下徹という類稀なる政治家により大きく仕事をしていただくために、大阪府の知事として留まっていただき、国会議員としても手腕を発揮していただきたいという思いが、沸々と湧き上がっています。

少々、野次馬的側面が過ぎますかな？

新しい国のかたちへの提言③

被災地の知事を復興担当副大臣に

首長の国会議員、あるいは内閣閣僚との兼職について、フランスを例にして書きましたが、さて、法律を変えて新しい制度として首長の兼職が可能になったとしても、実際には難しいでしょう。

フランスのローカル市の首長はコミュニティの代表者という、企業で言うなら会長職的な位置づけで、さらに議会も短く、実務は煩雑ではありませんから、首長としての仕事自体はそれほど大変なものではありません。一方日本では、首長の仕事は広範囲にわたり、とにかく忙しいですし、コミュニティの代表であることには変わりありませんが、立場的には社長、あるいは支店長的で、管理もしながら実務もこなさなければなりません。ですから、憲法、あるいは国会法を変えて首長と国会議員の兼職が可能になっても、果たして両方を務めることができるかどうか、実際には難しいものでございます。

ところで、記憶に新しい六月二日のことです。菅内閣に自民党と公明党から内閣不信任案が提出され、民主党からも小沢・鳩山グループから賛成票が投じられ、可決されるのか否決になるのか、可決された場合には内閣総辞職か総選挙かと騒がれていた日でした。

次の日の日本下水道協会理事会に出席するため、私は東京にいました。理事会には各県や政令市から七〇人ほどが集まったのですが、主な議題は震災復興でした。しかし、内閣不信任案が提出されて否決された後ということもあり、こちらの話題も当然のように出てまいりましたので、私は冒頭の会長あいさつの中で次のようなお話をいたしました。

「内閣不信任案が否決されたということで、菅総理は被災地復旧により思いを強くされ、宮城県知事、岩手県知事、福島県知事を復興担当の副大臣に任命し、『それぞれ閣内で政府の一員として復興のために力を尽くして欲しい。ついてはそれぞれ一兆円ずつ予算を渡す。宮城県担当、岩手県担当、福島県担当ということでがんばってください』と激励され、新しい制度がスタートされるそうです」

私がそう話しますと、皆さん真剣な面持ちで聞き入っておられ、「そんなことはニュースで聞いていないな」という声も聞かれましたが、皆さんのお顔を眺めて、ひと呼吸おいてから、「……という夢を、昨晩見ました」と、オチをつけたのでございます。これが大ウケでした。大ウケというのは、小噺、冗談としてウケたのではありません。それぞれ地方団体の幹部職員という立場から見て、アイデアとしてまったくない話ではなく、むしろ提言としておもしろいと受け取っていただいたのです。

何度も言うように、知事が閣内に入って、知事職と兼務することは、おそらく現行法で可能なのではないでしょうか。

法律の解釈はさておき、もしも法的にクリアになったとして、たとえば橋下知事が外務大臣を兼務するということになれば、これはもう誰が考えても知事の仕事はできなくなると見るでしょう。あるいは防衛大臣でも、厚生労働大臣でもおなじ。国務大臣も多忙ですが、首長の仕事も多忙です。

しかし、先の下水道協会理事会で私がお話ししたような、復興担当の副大臣で、しかも自分の県の担当ということであれば、文字通り知事の仕事に政府の権限と予算を与えられるということですから、被災地の知事にしてみれば、これほど復興に向けてやりやすいことはありません。被災者と被災地にしてみても、自分たちが選んだ知事が政府の人間として復興に采配を振るうことで期待も持てますし、信頼もできます。また、政府にしてもべストな人事であるはずです。

被災県の知事を復興担当の副大臣に起用するということになれば、野党はもちろん、国民の誰ひとり異議を唱えないはずでしょう。もちろんそこには有効な権限と、少なくとも一兆円規模の予算をつけることが絶対的な条件になります。単なる担当副大臣の肩書きだけでの見せかけではいけません。そうすれば首長の権限と、首長の権限が及ばない政府の権限の両方を使って、また省庁縦割りの規制などをすべて取っ払って、一気に復旧・復興に向けて動き出せます。

枝野官房長官、仙谷官房副長官はともに弁護士であり、法律を守る、法律に従う遵法精神をお持ちで、現行の法律を遵守する思考が高い故に「法律上、制度上問題がある」と言われるかも知れませんが、国会は法律をつくる立法府であり、また戦後最大の国難であるわけですから、大胆な発想に基づいて時限的に、あるいは復興に「一定のめど」がつくまで、閣僚の責任において制度を変えるなりつくるなりすればいいのでございます。

野党から引っこ抜いて政務官に抜擢するより、こちらのほうがずっと有効なサプライズ人事だと思うのですが……。

いかがでしょうか、菅総理、あるいは次なる総理！

あえてここに問う！　橋下総理大臣待望論

総理の要請を受けた中部電力は静岡県の浜岡原発を停止しました。これにより原発立地各地で、原発停止を求める動きが出ました。無理もありません。福島県飯舘村の村民六一〇〇人が全村避難するといった状況を見れば、もしも事故が起こったら……という仮定がより現実的なものになってしまったのですから。

原発周辺住民の方々の不安はよくわかります。また、あまり報道はされませんでしたが、首都圏をはじめ各地で原発廃止を求めるデモが起こっていたことも存じております。国民の原発に対する安全不信も十分に理解しています。ただ、現在の危機感や感情論で、すぐに日本中の原発の停止を求めてもいいものなのかどうか。

意識する、しないは別として、私たちは安定的な電力エネルギーを享受してきたことは事実でございます。エアコン、冷蔵庫、洗濯機、炊飯器、掃除機、テレビ、コンピューター、照明……電力を気兼ねなく消費して、生活してきたわけです。そして、その約三割以上が原子力によって賄われてきたのも歴然たる事実でございます。

単純にすべての原発を停止させるということは、三割以上の電力がなくなってしまうことです。その分を石油や石炭といった従来の化石燃料で賄うことは、二酸化炭素による地球環境破壊問題から、まずもって無理です。ということは、「一〇〇〇万戸の屋根に太陽光パネルを設置する」ことにはじまり、風力、地熱などの自然エネルギーや新エネルギーの開発ということになるのですが、それは即明日から、ということには到底なりません。数十年といった時間が必要になります。

福島第一がダメになり、浜岡が停止し、今後新たな原発建設に対する国民の理解が得られなくなったことで、国はエネルギー政策を見直さざるを得なくなるのですが、それすなわち、経済政策をはじめ、産業構造の変革といった分野、さらには国民も消費やレジャーを含めたライフスタイルまで見直さなければならなくなるということに他なりません。

すでに企業はサマータイム制の導入や、輪番制の休暇システム、休日の変更などをいち早く決めています。対して政府は、企業や消費者に夏場の電力消費の一五％削減を求め、クールビズを推奨するくらいで、国としての対応策や方向性や新たなライフスタイル提案はまるでありません。

東京都の石原都知事は先の統一地方選挙で四選の当確が出た直後のインタビューで、「パチンコはジャラジャラ音を立てるために電気を煌々《こうこう》とつけている。そんなのは世界中で日本だけだ」と。橋下大阪府知事と同様、毎度毎度の過激な発言での問題提起をされます。まあ、ひねくれたところで言えば、潤沢な税収がある東京都だからこそ、税金を払っている特定の業種を名指しして言えるのでしょう。それでも、賛成意見はもちろん、当然ながら反対意見も噴出し、インターネット上では論争が繰り広げられるわけでございまして、計画停電の憂き目に合っていた都民、首都圏の人たちからすると、これで目先がコロッと変わったわけです。

大阪府でも橋下知事が福島原発事故後の四月二七日の会見で、関西地区にかかわる原発に関して「新設や延長を止めるために一歩踏み出そうと思う」と、都道府県レベルの首長として最初に脱原発発言をされました。「まず一基止めるためになにをすべきか示したい。節電は府民の相当な負担となるが、関西府県民の総力を挙げて考える時期」と言う一方、「観光施策や産業に支障を及ぼさない案を考える」と、代替エネルギーについて協議することを示されました。

会見での橋下流の言い回しは、記者からの原発をどう考えているのかという質問に対する回答でした。

「(原発は)ないほうがいい。ただ、僕はライトアップせいと言っている。家でも電気をつけている。原発を全部なくせというなら、僕は明日から電気を使わない生活をしなければならない。今の生活を前提にすると、原発は『必要悪』です」

よく聞けば、具体的なことはなにもおっしゃっていないのでございますが、ライトアップも続け、家でも電気を使っていて、加えて原発を「必要悪」とまで言い放たれる。府民からしてみれば、具体的なことはなくてもある意味でわかりやすく、「そうなんや、原発は悪ではなく、必要悪なんやね」となります。府民には相当な負担になると言われたことも、これで「しゃあないわな」と思わせてしまうのでございます。

もっとも、この脱原発が翌二八日に関西広域連合に対して提案されたのですが、ここでは「新規建設をやめるなら(必要な)エネルギー量を見極めないといけない」と、広域連合長の井戸兵庫県知事が発言、「時期尚早」と釘を刺されました。

その後の五月二六日、関西広域連合はソフトバンクなどが設立する自然エネルギー協議会に参加を決め、橋下知事は、新築住宅の購入世帯に対し、太陽光パネル設置を義務づける制度の創設を検討する考えを示されました。知事の構想は、新築住宅の屋根に太陽光パネルを取り付けることを条例で義務化するというもので、平均約二〇〇万円の設置費用は自己負担。十分な面積のパネル設置が難しいマンションの購入者に対しては負担金を徴収し、既存住宅のパネル設置を促すための補助金財源に充てることも検討するというもの。

地方自治体や民間企業のこうした動き、発言を見るにつけ、政府の役割はなんなのか、少々オーバーではありますが、中央政府や省庁などは、国民にとって必要な仕事をしてくれているのだろうかと感じてしまうのは私だけではないでしょう。

戦後最大の国難とまで言われるこの期に及んで、正確な情報も出せない、国民の不安を払拭することもできない、夢も希望も語れないのないないづくし。「原発は必要悪」くらいのことを言ってくれる政治家は、国会にはいないのかも。やはり行きつく先は、悲しいかなリーダーシップの欠如、ということになってしまうのでございますね。

橋下総理待望論、ますます現実味を帯びてまいります。

おわりに

映画にしろドラマにしろ、あるいは池田市がアピールしております落語にしろ、際立ったキャラクターの主人公がいてこそ面白くなるものでございます。

語弊があるかも知れませんが、政治の世界もまた、映画やドラマや落語とおなじでございます。ところが、主人公もストーリーもない現在の国政は、残念ながら笑えないコメディを続けるばかりで、国民の見る目はすっかり冷めてしまっています。

そこへいくと今の大阪は面白い。まさに国取り合戦の第一部がクライマックスを迎えようとしているのです。

主人公は言わずと知れた橋下徹大阪府知事でございます。いやいや、ほんとうの主人公は、クライマックスをどのように導くか、最後の鍵を握っている大阪府民・市民でございます。そしてこれ、一地方のローカルなドラマではなく、ひょっとすると日本の将来を占うかも知れないテーマを持った、壮大な物語なのは間違いございません。

統一地方選挙も終わり、池田市長としての集大成、総仕上げの五期目を迎えるにあたり、私は去る五月一〇日、三年半にわたって務めさせていただきました大阪府市長会の会長の任を退くことになりました。理由は市長会顧問として支えていただいた吉道貝塚市長のご勇退にともない市長会のあり方を思い、次へバトンタッチして、顧問として新会長を支える立場になる方がいいとの判断からでした。

会長職から解かれた立場になり、少々肩の荷が軽くなりました。軽くなった勢いから、大阪府下の一首長として、新しい主役の登場から三年と四ヵ月あまり続いてきた大阪国取り合戦のクライマックスを控え、「拝啓　大阪府知事橋下徹様」なる主役に向けた、なんとも大胆なタイトルの本書をここに書かせていただきました。

また、東日本大震災後の国政に対しても、この国の将来を憂う国民のひとりとして、お節介ながら国政に対する提言を加えさせていただきました。

先の統一地方選挙で大躍進の「大阪維新の会」の、旗本八万騎ならぬ大阪府議会維新の会五七騎の精鋭を従え、今まさに大阪城本丸へ攻め入らんとする総大将の橋下徹さんの姿は、時に勇ましくカッコよく、時に危なっかしく見えているのは私だけではないはずです。

迎え撃つ平松邦夫さんは、冷静沈着でクールですが、その物腰のやわらかさから、時に返す刀が竹光に見えることもあります。

「落語のまち」である池田市の市長ということで、落語の語り口をお借りし、橋下知事の発言や行動、さらには政策への批判も交え、問題点や課題を提起させていただきました。対談をお請けくださいました平松市長に対しても同様です。そこは「あの池田市長の老婆心、お節介からの苦言」と、ご笑読いただけたらば幸いです。

もうひとつ、断っておきますが、私は「反橋下」でも「反平松」でもありません。橋下知事の政治的センスや行動力、発信力に大いに期待していますし、同い年のダンディな平松市長には親近感も持っていることをご理解ください。

最後に、今繰り広げられているドラマの結末がどうなるのか、それは有権者のみぞ知るところでしょうが、私が望んでいるのは、疲弊して久しい大阪が今こそ一丸となって復活し、ほんとうに活力のある自治体になることです。そうすれば、大阪が東日本大震災被災地の復興を担う、いや応援する中心になれるでしょう。

また、あるべき地方分権、新しい都市像のモデルとして、大阪が日本国の表紙になれるかも知れません。大阪をこよなく愛している私が望んでいるのは、二眼レフ構造の日本の時代にこそ、府市協調によって「大阪が再浮上」しなければならないということです。
そして、橋下徹船長のもと、平松邦夫さんはじめ四三人の首長クルーによるＯＮＥ大阪という希望の船が、永田町・霞ヶ関に向けて出帆する日が一日も早く来ることを期待しています。

平成二三年七月一日

池田市長　倉田　薫

YUBISASHI
羅針盤プレミアムシリーズ
創刊にあたって

私たちの暮らしを支える、政治、経済、医療、教育、外交、どの分野をとっても出口の見えない混沌とした時代に突入しています。急激に変化する社会の中で、どう考え、行動していけばよいのか。その道しるべとなるべく、50年後100年後も変わらない、人が人として生きていく根源的価値を、変わりゆく歴史の中で伝え続けたい。本シリーズでは、出版の原点である紙媒体で表現できうる可能性をとことん追求し、活字に音声を加えたプレミアムな「知」を発信していきます。

(YUBISASHI羅針盤プレミアムシリーズ)
拝啓　大阪府知事 橋下徹 様

2011年8月16日　第1刷
2011年9月19日　第2刷

著　者——倉田薫
装　丁——川島進(スタジオ・ギブ)
発行者——田村隆英
発行所——株式会社情報センター出版局
160-0004　東京都新宿区四谷2-1
電話:03-3358-0231　振替:00140-4-46230
URL:http://www.4jc.co.jp　http://yubisashi.com
印　刷——大日本印刷株式会社

 ISBN987-4-7958-4533-6 C0236